# mon alter ego 1

A1

MÉTHODE DE FRANÇAIS

## Cahier d'activités

Céline Himber
Catherine Hugot
Monique Waendendries

Véronique Mazarguil-Kizirian
(Prononciation – Phonie-graphie)

Anne-Marie Diogo (DELF)

hachette
FRANÇAIS LANGUE ÉTRANGÈRE

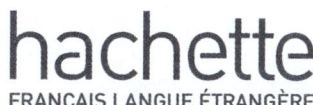

### Crédits photographiques

**Alamy Images : p. 31** © Nasser Berzane /abacapress.com
**Getty Images : p. 31** © Marc Piasecki ; © Robert Deyrail ; © Laurent Viteur ; © Manuel Braun
**Shutterstock :** autres.

Nous avons fait tout notre possible pour obtenir les autorisations des documents publiés dans cet ouvrage. Dans le cas ou des omissions ou des erreurs se seraient glissées dans nos références, nous y remédierons dans les éditions à venir.

### Remerciements :

Nous remercions **Anne Veillon-Leroux** pour la transcription phonétique des pages « Lexique » du livret.

**Couverture :** Anne-Danielle Naname
**Maquette intérieure :** Anne-Danielle Naname
**Mise en page :** Anne-Danielle Naname, Adeline Calame
**Secrétariat d'édition :** Astrid Rogge
**Relecture ortho-typographique :** Brigitte Luttiau
**Illustrations :** Gabriel Rebufello
**Enregistrements audio, montage, mixage :** Quali'sons : David Hassici

978-2-01-715314-6
© HACHETTE LIVRE, 2023
58, rue Jean Bleuzen, 92178 Vanves
http://www.hachettefle.fr

Le code de la propriété intellectuelle n'autorisant, aux termes des articles L. 122-4 et L. 122-5, d'une part, que « les copies ou reproductions strictement réservées à l'usage privé du copiste et non destinées à une utilisation collective » et, d'autre part, que « les analyses et les courtes citations » dans un but d'exemple et d'illustration, « toute représentation ou reproduction intégrale ou partielle, faite sans le consentement de l'auteur ou de ses ayants droit ou ayant cause, est illicite ». Cette représentation ou reproduction, par quelque procédé que ce soit, sans autorisation de l'éditeur ou du Centre français de l'exploitation du droit de copie (20, rue des Grands-Augustins, 75006 Paris), constituerait donc une contrefaçon sanctionnée par les articles 425 et suivants du Code pénal.

Achevé d'imprimer en février 2025 sur les presses de Imprimeries IPS
Dépôt légal : mars 2023
Edition n°02
84/9615/9

# Sommaire

## DOSSIER 1 — Former un groupe ............ 4
- **Leçon 1** Se présenter / Dire la nationalité et les langues parlées ............ 4
- **Leçon 2** Demander, donner des informations personnelles / Demander, donner des coordonnées ............ 8
- **Leçon 3** Donner des informations sur quelqu'un ............ 12
- **BILAN** ............ 16

## DOSSIER 2 — Communiquer en contexte international ............ 18
- **Leçon 1** Parler de son apprentissage ............ 18
- **Leçon 2** Annoncer un événement ............ 22
- **Leçon 3** Faire connaissance ............ 26
- **BILAN** ............ 30

## DOSSIER 3 — Découvrir une ville ............ 32
- **Leçon 1** Rechercher / Proposer un hébergement ............ 32
- **Leçon 2** Présenter un lieu « coup de cœur » ............ 36
- **Leçon 3** Indiquer un itinéraire ............ 40
- **BILAN** ............ 44

## DOSSIER 4 — Entretenir des relations sociales ............ 46
- **Leçon 1** Parler de ses loisirs ............ 46
- **Leçon 2** Parler de sa famille ............ 50
- **Leçon 3** Annoncer / Réagir à une nouvelle ............ 54
- **BILAN** ............ 58

## DOSSIER 5 — Gérer son quotidien ............ 60
- **Leçon 1** Organiser son emploi du temps au travail ............ 60
- **Leçon 2** Décrire ses habitudes ............ 64
- **Leçon 3** Formuler des règles ............ 68
- **BILAN** ............ 72

## DOSSIER 6 — Changer de cadre ............ 74
- **Leçon 1** (S')Informer avant un voyage ............ 74
- **Leçon 2** Donner des informations touristiques ............ 78
- **Leçon 3** Raconter une expérience ............ 82
- **BILAN** ............ 86

## DOSSIER 7 — Prendre soin de soi ............ 88
- **Leçon 1** Décrire des habitudes alimentaires ............ 88
- **Leçon 2** Parler de l'aménagement d'un logement ............ 92
- **Leçon 3** Parler de la santé ............ 96
- **BILAN** ............ 100

## DOSSIER 8 — Prendre part à des événements ............ 102
- **Leçon 1** Comprendre et expliquer une recette de cuisine ............ 102
- **Leçon 2** Évoquer des événements personnels ............ 106
- **Leçon 3** Célébrer un événement ............ 110
- **BILAN** ............ 114

## Annexes ............ 116
- Portfolio ............ 117
- Épreuve DELF A1 complète ............ 121

# LEÇON 1 — Se présenter / Dire la nationalité et les langues parlées

## Lexique

### Les nombres de 0 à 20

**1** 🔊 02 **Écoutez et écrivez les numéros des salles.**

a. Classes A1 : salle *3* et salle ............   c. Classe B1 : salle ............   e. Classe C1 : salle ............

b. Classes A2 : salle ............ et salle ............   d. Classe B2 : salle ............   f. Classe C2 : salle ............

### Les personnes de la classe

**2** **Écrivez les mots suivants sous les photos correspondantes. (Plusieurs possibilités.)**

( un homme )   ( une femme )   ( un étudiant )   ( une étudiante )   ( un professeur )   ( une professeure )

a.

*un homme,* ............

b. ............

c. ............

d. ............

### Les langues

**3** **Entourez la langue correspondante.**

Ex. : ( Hello ! )   → (l'anglais) – l'allemand

a. ( Hallo! )   → le suédois – l'allemand

b. ( Hola! )   → l'espagnol – le portugais

c.    → le mandarin – l'arabe

d. ( Ciao! )   → l'italien – l'espagnol

e. ( こんにちは )   → l'arabe – le japonais

f. ( 안녕하십니까 )   → le coréen – le hindi

4 quatre

## Les nationalités

**4** Complétez comme dans l'exemple.

Ex. : le drapeau es**pagnol**

a.  le drapeau br..............

b.  le drapeau su..............

c.  le drapeau al..............

d. le drapeau ch..............

e.  le drapeau ja..............

f.  le drapeau am..............

# Grammaire

## Les articles indéfinis

**5** Choisissez l'article correct : *un*, *une* ou *des*.

a. Dans la classe, il y a *des* femmes et .............. hommes.

b. Thomas Picot, c'est .............. professeur de français ?

c. Il y a .............. étudiante française dans notre groupe.

d. C'est .............. classe sympathique ?

e. Dans le groupe, il y a .............. nationalités différentes ?

f. C'est .............. trombinoscope original !

## Les adjectifs de nationalité (masculin / féminin)

**6** Complétez les nationalités.

**INSTITUT FRANÇAIS**

**Classe de français A1**

Samia Bensaïd (F*) – maroc*aine*
Diego Allende (H*) – espagn..............
Leandro Guzman (H) – brésil..............
Mei Huang (F) – chin..............
Natalia Ivanovna (F) – russ..............

Gabriel Mertens (H) – belg..............
Tina Meyer (F) – alleman..............
Naoki Nakamura (H) – japon..............
Marcello Prinetti (H) – ital..............
Azra Yilmaz (F) – tur..............

*F = femme – *H = homme

**7** Transformez au masculin ou au féminin.

*Ex. : Il est portugais. → Elle est portugaise.*

a. Elle est australienne. → *Il est* ..................
b. Il est danois. → ..................
c. Il est ghanéen. → ..................
d. Elle est irlandaise. → ..................
e. Il est afghan. → ..................
f. Elle est bulgare. → ..................

## Prononciation / Phonie-graphie

### L'alphabet

**8** 🔊 03 Écoutez. Écrivez dans le tableau la lettre prononcée une seule fois.

| Ex. | 1 | 2 | 3 | 4 | 5 | 6 | 7 | 8 | 9 | 10 |
|---|---|---|---|---|---|---|---|---|---|---|
| r | | | | | | | | | | |

## Communication

### Saluer et se présenter – Faire épeler / Épeler

**9** Écrivez deux dialogues avec les phrases suivantes.

Bonsoir ! Je m'appelle Marjorie. Et vous ? | Comment ça s'écrit ? | Je m'appelle Paul. | Je m'appelle Aslan. | Bonjour ! Comment tu t'appelles ?
Je m'appelle Amanda, et toi ? | A comme Anna – S – L – A – N.

**Dialogue 1 :**
– *Bonsoir ! Je m'appelle Marjorie. Et vous ?*
– ..................
– ..................
– ..................

**Dialogue 2 :**
– *Bonjour ! Comment tu t'appelles ?*
– ..................
– ..................

### Demander / Dire quelles langues on parle – Demander / Dire la nationalité

**10** Lisez la présentation de Nora. À partir des informations données, écrivez trois questions formelles. Puis transformez ces questions pour une situation informelle.

Bonjour ! Je m'appelle Nora. Je suis italienne. Je parle italien, arabe et anglais.

**Situation formelle :**

a. *Comment* ..................................................................................................... ?
b. ..................................................................................................... ?
c. ..................................................................................................... ?

**Situation informelle :**

a. ..................................................................................................... ?
b. ..................................................................................................... ?
c. ..................................................................................................... ?

## Comprendre – S'exprimer

**11** 🔊 04 **Écoutez et complétez les fiches.**

a. Prénom : ..................
Nationalité : ..................
Langues parlées : ..................

b. Prénom : ..................
Nationalité : ..................
Langues parlées : ..................

c. Prénom : ..................
Nationalité : ..................
Langues parlées : ..................

**12 Lisez la fiche puis écrivez le message de présentation.**

**Prénom :** Per
**Sexe :** ☒ H   ☐ F
**Nationalité :** suédoise
**Langues parlées :** suédois, anglais, allemand

Bonjour ! Je ..................................................
..................................................
..................................................
..................................................
..................................................

# LEÇON 2 — Demander, donner des informations personnelles / Demander, donner des coordonnées

## Lexique

### Les nombres de 20 à 69

**1** 🔊 05 Écoutez et complétez les âges.

Ex. :
Irène : 44 ans

a.
Joseph : ............ ans

b.
Alice : ............ ans

c.
Hicham : ............ ans

d.
Elsa : ............ ans

e.
Marjane : ............ ans

f.
Hugo : ............ ans

g.
Leïla : ............ ans

### Les mois

**2** Écrivez les dates en toutes lettres.

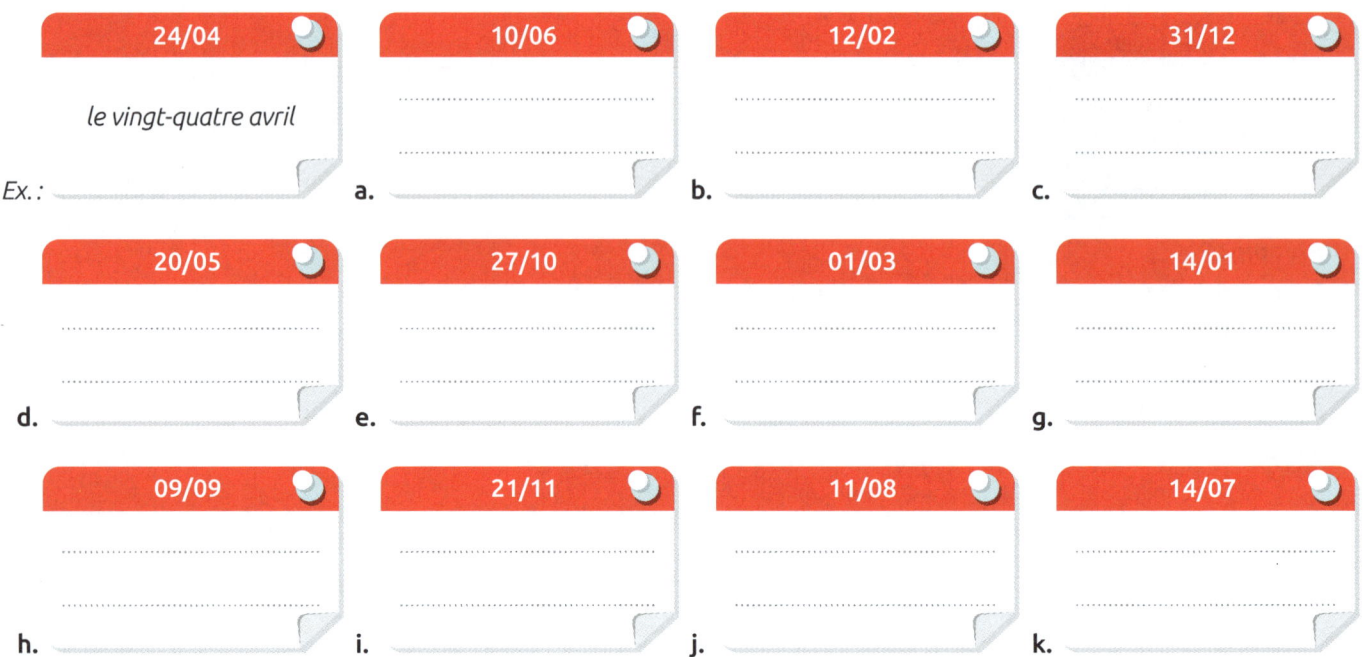

Ex. : 24/04 — le vingt-quatre avril
a. 10/06
b. 12/02
c. 31/12
d. 20/05
e. 27/10
f. 01/03
g. 14/01
h. 09/09
i. 21/11
j. 11/08
k. 14/07

## L'identité

**3** Complétez la fiche.

Nom : DUROY
................ : Florian
................ : 52 ans
................ : français
................ : 06 52 39 65 25
................ : fduroy@gmail.com

## Les nombres de 70 à 100

**4** 🔊 06 **Écoutez et corrigez les numéros de téléphone.**

Ex. : 07 53 ~~88 65~~ 82
→ 07 53 **98 75** 82

a. 06 85 99 32 71
b. 07 76 29 84 72
c. 07 91 56 87 81
d. 06 17 15 83 96
e. 07 54 62 93 42
f. 06 32 70 43 92

# Grammaire

## Les adjectifs possessifs

**5** Complétez avec *mon*, *ma*, *ton*, *ta* ou *votre*. (Plusieurs possibilités.)

a. – *Ta / Votre* date d'anniversaire ?
   – ................ date d'anniversaire, c'est le 23 août.
b. – ................ nationalité ?
   – ................ nationalité ? Je suis brésilienne.
c. – ................ numéro de téléphone ?
   – ................ numéro, c'est le 07 56 85 96 32.
d. – ................ adresse mail ?
   – ................ adresse mail, c'est : c-joly@gmail.com.

## L'adjectif interrogatif *quel*

**6** Cochez l'option correcte.

Ex. : ☑ *Quel* ☐ *Quelle* est votre prénom ?
a. ☐ *Quel* ☐ *Quelle* est votre nationalité ?
b. Vous parlez ☐ *quel* ☐ *quelle* langue ?
c. Tu as ☐ *quel* ☐ *quelle* âge ?
d. ☐ *Quel* ☐ *Quelle* est ta date d'anniversaire ?
e. ☐ *Quel* ☐ *Quelle* est ton numéro de téléphone ?
f. ☐ *Quel* ☐ *Quelle* est votre adresse mail ?

# Prononciation / Phonie-graphie

## Les nombres de 70 à 100

**7** a. 🔊 07 **Écoutez et entourez le nombre entendu.**

Ex. : 61 – **71**

1. 73 – 63
2. 65 – 75
3. 81 – 80
4. 83 – 93
5. 95 – 85
6. 67 – 76
7. 70 – 66
8. 62 – 72

**b. 🔊 07 Réécoutez et barrez le nombre non prononcé.**

*Ex. : soixante et onze – soixante et un*

1. soixante-treize – soixante-trois
2. soixante-quinze – soixante-cinq
3. quatre-vingt-un – quatre-vingts
4. quatre-vingt-treize – quatre-vingt-trois
5. quatre-vingt-quinze – quatre-vingt-cinq
6. soixante-sept – soixante-seize
7. soixante-six – soixante-dix
8. soixante-deux – soixante-douze

## Communication

### Saluer / Prendre contact

**8** Associez les messages à une/des réponse(s) possible(s).

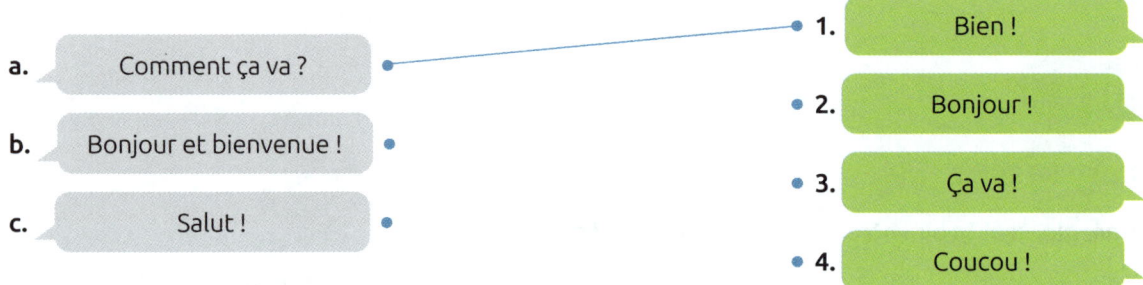

a. Comment ça va ?
b. Bonjour et bienvenue !
c. Salut !

1. Bien !
2. Bonjour !
3. Ça va !
4. Coucou !

### Demander / Dire l'âge, la date d'anniversaire – Demander / Dire le numéro de téléphone, l'adresse mail

**9** Complétez avec les réponses suivantes.

C'est le 07 78 89 92 36. – c-paoli@yahoo.fr – C'est le 3 août. – J'ai 65 ans.

a. Vous avez quel âge ?
.................................................

b. Quelle est votre date d'anniversaire ?
.................................................

c. Quel est votre numéro de téléphone ?
.................................................

d. Et quelle est votre adresse mail ?
.................................................

**10** Que dites-vous dans les situations suivantes ? Cochez la ou les réponse(s) correcte(s).

a. **Pour dire votre âge :**
   1. ☐ Je suis 34 ans.
   2. ☐ J'ai 34.
   3. ☐ J'ai 34 ans.

b. **Pour donner votre date d'anniversaire :**
   1. ☐ C'est en douze novembre.
   2. ☐ C'est le douze novembre.
   3. ☐ C'est le novembre douze.

c. **Pour donner un numéro de téléphone :**
   1. ☐ Mon numéro de téléphone, c'est le 06 16 52 34 85.
   2. ☐ Mon numéro de téléphone, c'est le 0-6-1-6-5-2-3-4-8-5.
   3. ☐ Mon numéro est le 06 16 52 34 85.

d. **Pour donner l'adresse mail suivante : b_bertignac@univ-lyon.fr**
   1. ☐ B bertignac arobase univ tiret lyon point F R
   2. ☐ B tiret bas bertignac arobase univ tiret lyon point F R
   3. ☐ B point bertignac arobase univ tiret bas lyon tiret F R

## Comprendre – S'exprimer

**11** 🔊 08 **Écoutez le dialogue et complétez la fiche d'inscription.**

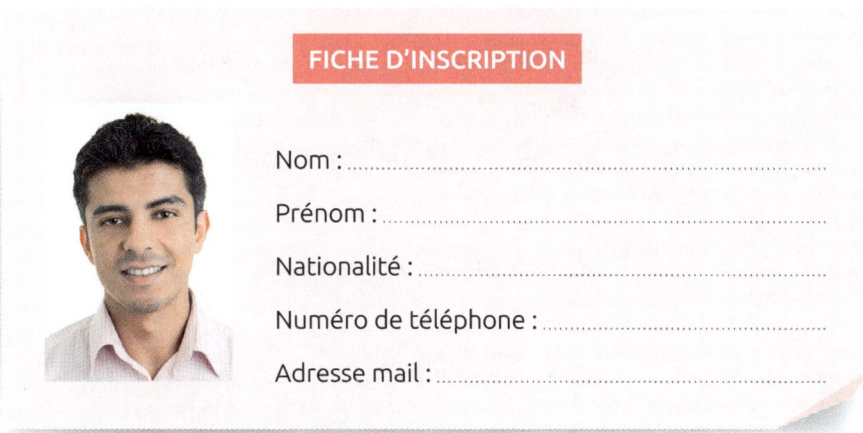

FICHE D'INSCRIPTION

Nom : ..................
Prénom : ..................
Nationalité : ..................
Numéro de téléphone : ..................
Adresse mail : ..................

**12 Lisez l'échange de SMS et répondez.**

a. Quelle est la date d'anniversaire de Magalie ?
..................

b. Quelle est la date d'aujourd'hui ?
..................

c. Quel est l'âge de Magalie aujourd'hui ?
..................

# LEÇON 3 — Donner des informations sur quelqu'un

## Lexique

### La situation de famille

**1** Complétez la grille pour retrouver quatre situations de famille.

```
2↓
E
          3↓      4↓
                  M
1→   É   I         R
O
                   I
     R
L
     É
```

### Les centres d'intérêt

**2** Indiquez les centres d'intérêt correspondants.
*Ex. : J'aime le rap, le jazz et le rock. → la musique*

a. J'aime les smartphones et Internet.
→ les ...........................................

b. J'aime Victor Hugo et Shakespeare.
→ la ...........................................

c. J'aime Picasso et Van Gogh.
→ l'...........................................

d. J'aime le tennis et le judo.
→ le ...........................................

e. J'aime Charlie Chaplin et Quentin Tarantino.
→ le ...........................................

f. J'aime le ballet et le tango.
→ la ...........................................

## Grammaire

### Les verbes *être* et *avoir* au présent

**3** Faites des phrases avec les verbes *être* ou *avoir*, comme dans l'exemple.
*Ex. : je / italienne → Je suis italienne.*

a. tu / quel âge ? → ...........................................
b. vous / célibataire → ...........................................
c. ils / des enfants → ...........................................
d. nous / expatriés à Bruxelles → ...........................................
e. elle / deux nationalités → ...........................................
f. je / 29 ans → ...........................................
g. elles / chinoises → ...........................................
h. il / marié → ...........................................

## Les articles définis

**4** Classez les mots dans le tableau.

nature   économie   jeux vidéo   cinéma   activités sportives   langues
gastronomie   âge   nationalité   français

| le | la | l' | les |
|---|---|---|---|
|  | nature |  |  |
|  |  |  |  |

## Les verbes en -er et le verbe s'appeler au présent

**5** Complétez avec un verbe de la liste conjugué au présent.

parler   s'appeler   chercher   travailler   habiter   aimer   participer

*Ex. : Je **cherche** des personnes pour parler anglais.*

a. Tu ................................................ espagnol ?
b. Vous ................................................ Stéphanie ?
c. Ta femme ................................................ ?
d. Nous ................................................ la gastronomie française.
e. Alex et Nora ................................................ à des activités sportives.
f. Maël ................................................ à Montréal.

## Les pronoms personnels sujets et les verbes au présent

**6** Associez pour former des phrases correctes. (Plusieurs possibilités.)

a. Je •  
b. J' •  
c. Tu •  
d. Il •  
e. Elle •  
f. Nous •  
g. Vous •  
h. Ils •  
i. Elles •  

• 1. aime la littérature et les arts.
• 2. parlons français et anglais.
• 3. habitent à Paris ?
• 4. m'appelle Patrick.
• 5. sont brésiliens.
• 6. s'appelle Catherine.
• 7. participes à des activités.
• 8. avez 50 ans.
• 9. ne travaille pas.

## La négation ne... pas

**7** Répondez aux questions à la forme négative.

*Ex. :* Vous êtes française ?
Non, je ne suis pas française.

a. Tu aimes les jeux vidéo ?
Non, je ................................................

b. Vous êtes mariés ?
Non, nous ................................................

c. Timothée a 25 ans ?
Non, il ................................................

d. Ta femme s'appelle Noémie ?
Non, elle ................................................

e. Tes amis sont expatriés ?
Non, ils ................................................

# Prononciation / Phonie-graphie

## Les verbes en -er au présent

**8 a.** 🔊 09 **Écoutez. Pour chaque série, entourez le mot avec la prononciation différente.**

Ex. : cherche – cherchent – ⟨cherchons⟩ – cherches

1. habites – habitent – habite – habitez
2. participent – participons – participe – participes
3. parlez – parles – parle – parlent
4. aiment – aime – aimes – aimons

**b.** 🔊 10 **Écoutez. Dans quel ordre entendez-vous les mots suivants ?**

| Ex. : | parlez | parle |
|---|---|---|
|  | 2 | 1 |

| 1. | travailler | travailles |
|---|---|---|
|  | ............ | ............ |

| 2. | habitons | habitent |
|---|---|---|
|  | ............ | ............ |

| 3. | aimes | aimez |
|---|---|---|
|  | ............ | ............ |

| 4. | participons | participent |
|---|---|---|
|  | ............ | ............ |

# Communication

## Dire les goûts

**9 Quels sont les goûts de ces personnes ? Écrivez des phrases.**

**Laurie**
🙂 cinéma – art
🙁 sport
a.

**Étienne**
🙂 langues – musique
🙁 gastronomie française
b.

**Hakim**
🙂 nature – danse
🙁 jeux vidéo
c.

**Caroline**
🙂 nouvelles technologies – littérature
🙁 économie
d.

**a.** Laurie *aime le cinéma et* ........................................

**b.** Étienne ........................................

**c.** Hakim ........................................

**d.** Caroline ........................................

## Donner des informations personnelles / Présenter une personne

**10** Associez pour former des phrases correctes. (Plusieurs possibilités.)

- a. Je m'appelle
- b. Je suis
- c. J'ai
- d. C'est

1. américain.
2. Marie.
3. trois enfants.
4. 46 ans.
5. célibataire.
6. deux nationalités.
7. une amie canadienne.
8. marié.
9. un expatrié français.
10. Julien et Sylvie.

## Comprendre – S'exprimer

**11** 🔊 11 Écoutez et associez les dialogues aux fiches correspondantes.

a.
**Nom :** Papastasi
**Prénom :** Jeanne
**Situation de famille :** mariée, un enfant
**Domicile :** Paris

→ Dialogue ............

b.
**Nom :** Dumontel
**Prénom :** Annie
**Situation de famille :** divorcée, trois enfants
**Domicile :** Versailles

→ Dialogue ............

c.
**Nom :** Lefèvre
**Prénom :** Christelle
**Situation de famille :** célibataire, un enfant
**Domicile :** Paris

→ Dialogue ............

**12** Lisez les présentations et écrivez les points communs.

Bonjour ! Je m'appelle Marianne et je suis française. J'ai 35 ans. Je parle deux langues : français et espagnol. Je suis mariée et j'ai deux enfants : Marius et Gaspard. Je ne travaille pas : je suis à la maison avec Gaspard, c'est un bébé ! Nous habitons à Paris. J'aime le sport et la nature.

Je m'appelle Dario, je suis espagnol et français. J'ai 35 ans. Je parle les deux langues. Je suis en couple avec Mathilde. Nous habitons à Paris. Nous avons un bébé : Gabriel. Je travaille à Bordeaux et j'aime le cinéma, l'art, la littérature.

Je m'appelle Nabila. Je suis marocaine. J'habite à Casablanca. Je parle français et arabe. Je suis célibataire. J'ai 26 ans, je ne travaille pas : je suis étudiante. J'aime le cinéma, la musique et le sport.

Marianne et Dario : *ils sont français* ............

Marianne et Nabila : ............

Dario et Nabila : ............

# BILAN

## Compétences linguistiques  .../50

**1** Complétez avec la nationalité et la langue parlée. *(1 point par réponse correcte)*  .../12

 Hello!

 Bom dia!

 Bonjour !

**a.** Il est a......................................, il parle a......................................

**b.** Elle est b......................................, elle parle p......................................

**c.** Elle est f......................................, elle parle f......................................

 नमस्ते

 Hola!

 你好

**d.** Il est i......................................, Il parle h......................................

**e.** Elle est e......................................, elle parle e......................................

**f.** Elle est c......................................, elle parle c......................................

**2** Écrivez la date d'anniversaire et l'âge de chaque personne. *(1 point par réponse correcte)*  .../12

| Prénom | Date de naissance | Date d'anniversaire | Âge en 2030 |
|---|---|---|---|
| Ariane | 16/03/1985 | *le seize mars* | *quarante-cinq ans* |
| Paul | 31/12/1956 | | |
| Gisèle | 25/09/1930 | | |
| Léa | 15/07/1994 | | |
| Milos | 14/05/1978 | | |
| Noham | 13/02/2003 | | |
| Assia | 01/08/1937 | | |

**3** Conjuguez les verbes au présent. *(1 point par réponse correcte)*  .../20

**a.** – Comment vous ........................... (s'appeler) ?

– Patricia Brochant. Je ................. (être) française. Je ................. (ne pas habiter) à Bruxelles mais à Lille.

– Vous ............. (être) mariée ?

– Non, je ............. (être) divorcée. J'............. (avoir) trois enfants. Mes deux filles ............. (avoir) 16 et 18 ans et mon fils ............. (avoir) 14 ans. Ils ............. (habiter) avec leur papa, il ............. (être) belge.

– Vous ........................... (travailler) ?

– Oui, au Parlement européen.

– Ah, intéressant ! Vous ............. (avoir) des collègues internationaux ?

– Oui, ils ............. (être) espagnols, italiens, allemands… Nous ............. (parler) français et anglais au bureau.

**b.** – Je ........................... (s'appeler) Sandrine, et toi ?

– Camille. Tu ................ (être) étudiante en économie ?

– Oui ! Tu ................ (avoir) un cours maintenant ?

– Oui, le cours de statistiques.

– Ah, moi aussi ! Nous ........................... (être) dans la salle 17 ?

– Oui ! Et tu ........................... (ne pas participer) au groupe de recherche après la classe ?

– Non, je ........................... (travailler) après la classe.

**Dossier 1 — Bilan**

**4** 🔊 12 **Écoutez et complétez la liste des contacts.** *(1 point par réponse correcte)* .../6

| Contacts | |
|---|---|
| Ex. : Marco Morane | marcomorane@yahoo.fr |
| **a.** Malik | ........................... |
| **b.** Laura | ........................... |
| **c.** Pauline | ........................... |

## Compétences **socioculturelles** .../10

**1** **Dans chaque situation, les personnes utilisent *tu*, *vous* ou les deux ? Cochez.** *(1 point par réponse correcte)* .../6

**a.** ☐ tu  ☐ vous  ☐ les deux

**b.** ☐ tu  ☐ vous  ☐ les deux

**c.** ☐ tu  ☐ vous  ☐ les deux

**d.** ☐ tu  ☐ vous  ☐ les deux

**e.** ☐ tu  ☐ vous  ☐ les deux

**f.** ☐ tu  ☐ vous  ☐ les deux

**2** **Observez les numéros de téléphone.** *(1 point par réponse correcte)* .../4

**a.** Entourez les numéros français.

**b.** Dans cette liste de numéros français, entourez les numéros de portable.

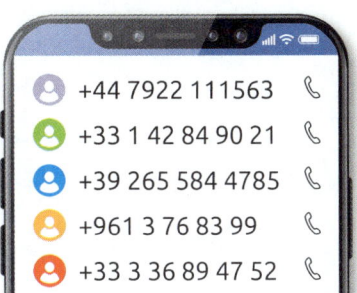
+44 7922 111563
+33 1 42 84 90 21
+39 265 584 4785
+961 3 76 83 99
+33 3 36 89 47 52

01 39 79 56 24
06 45 23 95 63
04 78 12 20 26
07 48 85 41 39
03 21 85 64 59
08 09 80 20 20

Résultats .../60

# LEÇON 1 — Parler de son apprentissage

## Lexique

### L'apprentissage, les motivations

**1** Ils apprennent le français. Quelles sont leurs motivations ? Observez les photos et associez.

le plaisir | l'amour | les études à l'université | la culture | les voyages | le travail

*Ex. :* le plaisir

a. ..................

b. ..................

c. ..................

d. ..................

e. ..................

### Les professions

**2** Complétez avec la profession correspondante.

*Ex. : Un **informaticien** est un spécialiste des ordinateurs.*

a. Un i............................... travaille dans un hôpital, avec des médecins.

b. Un c............................... travaille dans la cuisine d'un restaurant.

c. Une j............................... écrit des articles pour les médias.

d. Un m............................... pratique un instrument tous les jours.

e. Un a............................... travaille pour la justice.

f. Un a............................... travaille pour le cinéma ou au théâtre.

g. Un p............................... travaille dans une classe avec des étudiants.

h. Une a............................... dessine des maisons ou des monuments.

# Grammaire

## Le verbe *apprendre* au présent

**3** Associez pour former des phrases correctes. (Plusieurs possibilités.)

a. Sylvie et Marc
b. Nous
c. Ismaël
d. Tu
e. Luke et toi
f. Je
g. J'

1. apprenez le français en France ?
2. comprend la professeure ?
3. apprennent quelle langue ?
4. ne comprends pas.
5. n'apprenons pas l'espagnol à l'école.
6. comprenez l'anglais ?
7. apprends avec un professeur à la maison.
8. ne comprennent pas bien.

## Les verbes en *-ger* au présent

**4** Conjuguez les verbes au présent.

— Salut ! Ça va la vie à Paris ?
— Oui, super !
— Tu *partages* (partager) de bons moments avec les étudiants de l'école ?
— Oui, nous _____ (échanger) sur nos cultures, c'est intéressant !
— Et le week-end ?
— Je visite Paris. Avec la classe, nous _____ (partager) des idées de visites.
— Et vous ne _____ (voyager) pas en France ?
— Des étudiantes de ma classe _____ (voyager). Elles _____ (partager) des photos et des informations sur la France.

## *Pourquoi ?* → *parce que* et *pour*

**5** À partir des informations données, écrivez une question et une réponse comme dans l'exemple.

*Ex. : Margot ne parle pas français. Margot étudie à l'Alliance française. Margot a un projet : travailler en France.*
→ *Pourquoi Margot étudie à l'Alliance française ?*
→ *Parce qu'elle ne parle pas français. / Pour travailler en France.*

a. Florian apprend l'anglais. Florian voyage beaucoup.
→ ...........................
→ ...........................

b. Tessa aime la cuisine. Tessa étudie à l'école du Cordon bleu.
→ ...........................
→ ...........................

c. Emma a une motivation : participer à la promotion de l'école. Emma écrit un témoignage sur le site de l'Institut français.
→ ...........................
→ ...........................

d. Coralie étudie trois langues. Coralie a une motivation : le plaisir d'apprendre.
→ ...........................
→ ...........................

e. Dany a un projet : habiter à Vienne. Danny apprend l'allemand.
→ ...........................
→ ...........................

f. Benoît étudie l'informatique. Benoît aime les jeux vidéo.
→ ...........................
→ ...........................

Dossier 2 — Leçon 1

## Le masculin et le féminin des professions

**6 a. Transformez au féminin ou au masculin.**

*Ex. : Il est professeur. → Elle est professeure.*

1. Il est acteur. → ....................
2. Elle est architecte. → ....................
3. Il est avocat. → ....................
4. Elle est serveuse. → ....................
5. Elle est infirmière. → ....................
6. Il est musicien. → ....................

**b. Complétez avec les professions de la liste. Faites les modifications nécessaires.**

vétérinaire – mécanicien – artiste – policier – assistant – coiffeur

Ex. :
Elle est *mécanicienne*.

1.
Elle est ....................

2.
Elle est ....................

3.
Elle est ....................

4.
Elle est ....................

5.
Elle est ....................

## Prononciation / Phonie-graphie

### La prononciation de la lettre *g*

**7 Lisez les mots. Placez-les dans le tableau en fonction de la prononciation.**

langue – Madagascar – Grande-Bretagne – Cambodge – groupe – anglais – technologies – gastronomie – collège – échanges – portugais – gymnastique – voyage – partager – Pologne

| [g] comme *Agadir* | [ʒ] comme *Georges* | [ɲ] comme *espagnol* |
|---|---|---|
| *langue* | | |
| | | |
| | | |
| | | |
| | | |
| | | |

## Communication

### Demander / Dire la raison, la motivation – Demander / Dire la profession

**8** Associez les questions et les réponses.

a. Pourquoi tu habites à Paris ?
b. Quelle est votre profession ?
c. Pourquoi tu aimes ta classe ?
d. Quelle est la profession de Steve ?
e. Tu es à l'Institut français pour quelle raison ?

1. Il est graphiste.
2. Parce que je travaille ici.
3. Je suis infirmière, je travaille à l'hôpital.
4. Pour la qualité des cours.
5. Parce qu'elle est internationale.

**9** Mettez le dialogue dans l'ordre.

a. – Je suis architecte.
b. – Non, j'habite à Paris parce que mon amoureux est français.
c. – Pour communiquer avec la famille de mon amoureux et avec mes amis. Et vous ?
d. – Et pourquoi vous étudiez dans cette école ?
e. – Moi, j'apprends le français pour mon travail, j'ai des collègues francophones.
f. – Ah, des collègues internationaux, c'est super ! Et quelle est votre profession ?
g. – Pourquoi vous êtes ici ? Pour visiter la ville ?

1 → g
2 → ........
3 → ........
4 → ........
5 → ........
6 → ........
7 → ........

## Comprendre – S'exprimer

**10** 🔊 13 Écoutez ces témoignages d'étudiants de l'Institut de langue et de culture françaises de Lyon. Puis complétez les fiches.

a.
Nom : Kowalski – Prénom : Anton
Nationalité : ..........
Profession / Activité : ..........
Motivations :
☐ personnelle   ☐ professionnelle
☐ culturelle    ☐ éducationnelle

b.
Nom : Robins – Prénom : Yolanda
Nationalité : ..........
Profession / Activité : ..........
Motivations :
☐ personnelle   ☐ professionnelle
☐ culturelle    ☐ éducationnelle

c.
Nom : Masekela – Prénom : Felicia
Nationalité : ..........
Profession / Activité : ..........
Motivations :
☐ personnelle   ☐ professionnelle
☐ culturelle    ☐ éducationnelle

**11** Complétez ce formulaire pour un programme d'études en France. Présentez-vous (nom, prénom, âge, nationalité, profession) et expliquez vos motivations.

**CAMPUS FRANCE**
campusfrance.org

**FORMULAIRE DE CANDIDATURE**
**PROGRAMME DE BOURSES DU MEAE**
(Ministère de l'Europe et des Affaires étrangères)

Votre présentation : ..........

Vos motivations : ..........

Dossier 2 | Leçon 1

# LEÇON 2 — Annoncer un événement

## Lexique

### Indiquer le pays

**1** Complétez avec les noms de pays correspondants.

*Ex. : John est australien.* → *l'Australie*

a. Ana est brésilienne. → le .................................................
b. Joao est portugais. → le .................................................
c. Jerry est américain. → les .................................................
d. Liam est irlandais. → l' .................................................
e. Leïla est marocaine. → le .................................................
f. Niklaas est néerlandais. → les .................................................
g. Angela est néo-zélandaise. → la .................................................
h. Margarita est mexicaine. → le .................................................

### Donner des informations chiffrées

**2** Entourez le nombre correspondant.

*Ex. : un million trois cent soixante mille* → 130 600 – 13 600 – (1 360 000)

a. quatre mille deux cents → 4 200 – 420 – 42 000
b. trois millions deux cent mille → 3 200 000 – 320 000 – 32 000
c. mille neuf cent quatre-vingt-quinze → 10 995 – 9 195 – 1 995
d. quatre-vingt mille → 80 000 – 8 000 – 800 000
e. deux mille vingt-trois → 20 023 – 2 023 – 2 223
f. deux cent cinquante mille → 2 500 000 – 250 000 – 25 000

### Les types d'événements / d'activités

**3** Associez les descriptions aux événements correspondants.

a. Des visiteurs regardent des œuvres d'art. • • 1. un atelier
b. Des participants apprennent à faire du théâtre. • • 2. un concours
c. Des candidats participent à une compétition. • • 3. un jeu
d. Un auteur présente un nouveau livre. • • 4. une rencontre
e. Des participants cherchent la solution à une énigme. • • 5. une exposition

## Les jours de la semaine

**4** Complétez la grille avec les jours de la semaine.

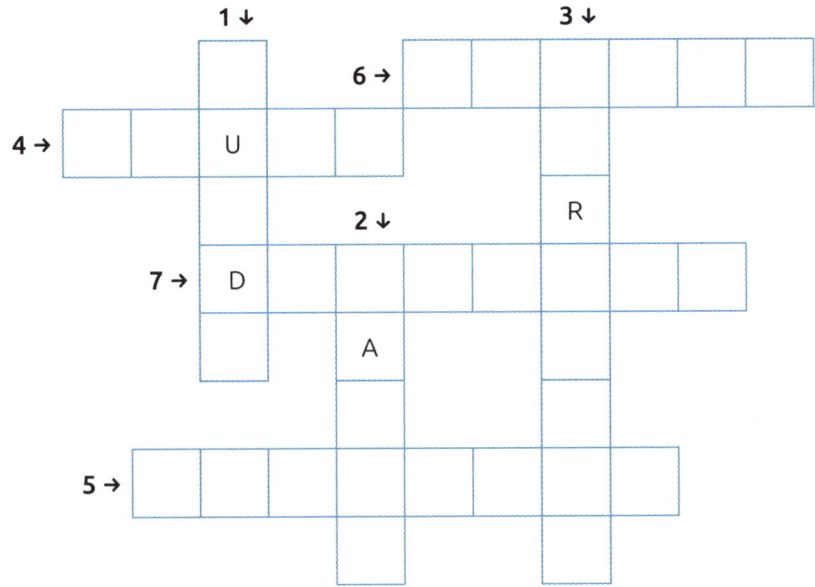

## Grammaire

### Le genre des noms de pays

**5** Lisez les noms de pays. Écrivez les articles.

*Ex. : l'Inde*

a. ......... Indonésie    b. ......... Chine    c. ......... Colombie    d. ......... Corée du Sud

e. ......... Belgique    f. ......... Japon    g. ......... Espagne    h. ......... Croatie

i. ......... Philippines    j. ......... Brésil    k. ......... Russie    l. ......... Suisse

m. ......... Cameroun    n. ......... Chili    o. ......... Allemagne    p. ......... Australie

### Les prépositions devant les noms de pays et de villes

**6** Complétez avec la préposition et le nom du pays correspondant.

la France – l'Argentine – la Corée du Sud – le Kenya – l'Inde – le Vietnam – la Russie – les Philippines – le Canada

*Ex. : J'habite à Paris, **en France**.*

a. Elle est née à Manille, ...........................................................

b. Jeong-Hi travaille à Séoul, ...........................................................

c. Tran est vietnamien. Il est étudiant à Saïgon, ...........................................................

d. Nous habitons à Moscou, ...........................................................

e. Jane étudie à l'Alliance française à Toronto, ...........................................................

f. Ma famille habite à Nairobi, ...........................................................

g. Il est en voyage pour le travail : il est à New Delhi, ...........................................................

h. Thomas est expatrié, il travaille à Buenos Aires, ...........................................................

**7** Observez la carte et indiquez le lieu des événements, comme dans l'exemple.

*Ex. : En France, il y a un événement à Paris.*

..........................................................................

..........................................................................

..........................................................................

..........................................................................

..........................................................................

..........................................................................

..........................................................................

..........................................................................

..........................................................................

..........................................................................

..........................................................................

## Prononciation / Phonie-graphie

### Le découpage syllabique

**8** 🔊 14 Écoutez et indiquez combien de syllabes vous entendez.

| 1 syllabe | 2 syllabes | 3 syllabes | 4 syllabes | 5 syllabes | 6 syllabes | 7 syllabes |
|---|---|---|---|---|---|---|
| .......... | .......... | .......... | *a* | .......... | .......... | .......... |

## Communication

### Donner des précisions sur un événement

**9** Complétez la présentation des événements à partir des éléments donnés.

Théâtre de l'Alliance française – 20 h – tout public – concours de karaoké en français – samedi 20 mars

Événement : *concours de karaoké en français*

Quand ? ..................................................................

Où ? ......................................................................

Qui ? .....................................................................

Atelier de poésie en français – bibliothèque – 16 h-18 h – mardi 16 mars – étudiants de l'Alliance française

Événement : ............................................................

Quand ? ..................................................................

Où ? ......................................................................

Qui ? .....................................................................

# Comprendre – S'exprimer

**10** 🔊 15 **Lisez les fiches et écoutez la présentation des pays. Barrez les informations fausses et corrigez.**

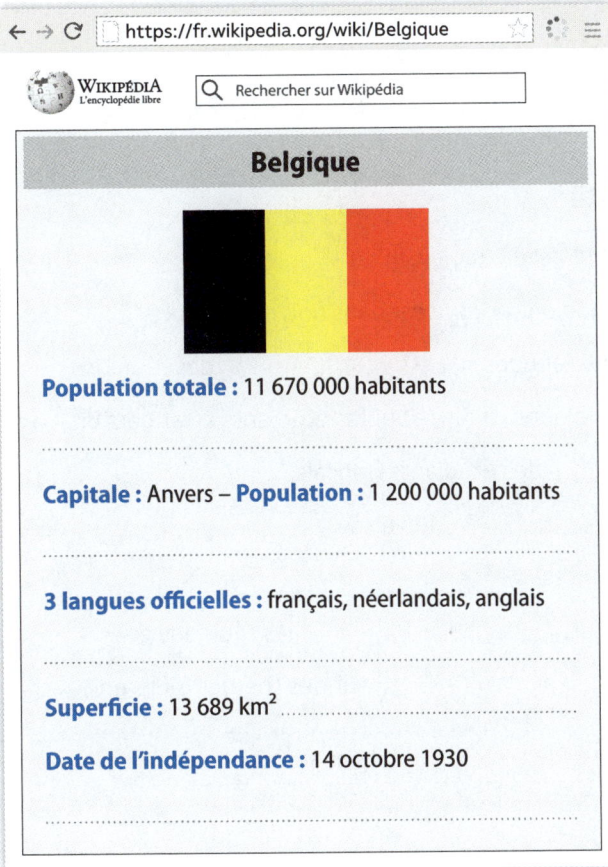

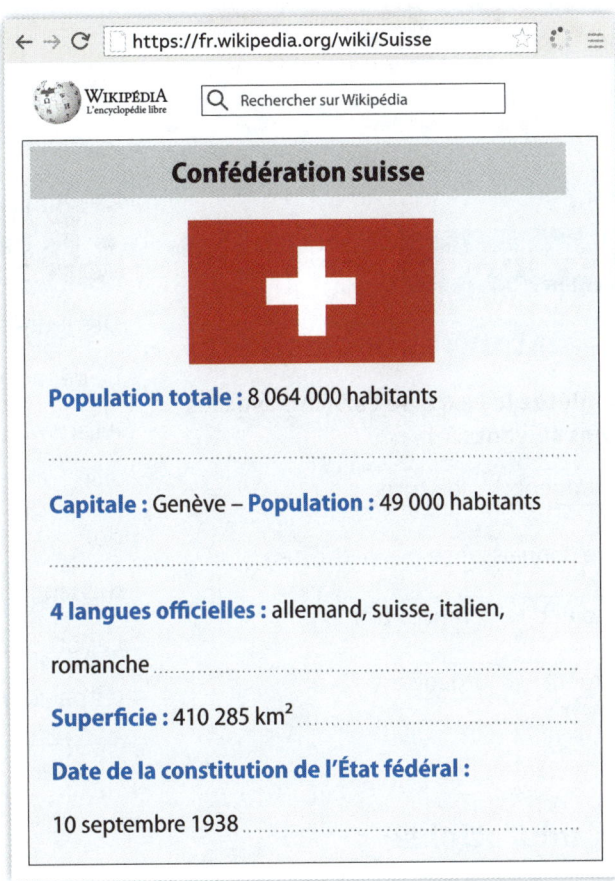

**11** **Faites la fiche de votre pays comme sur Wikipédia. Puis écrivez un petit article pour le présenter.**

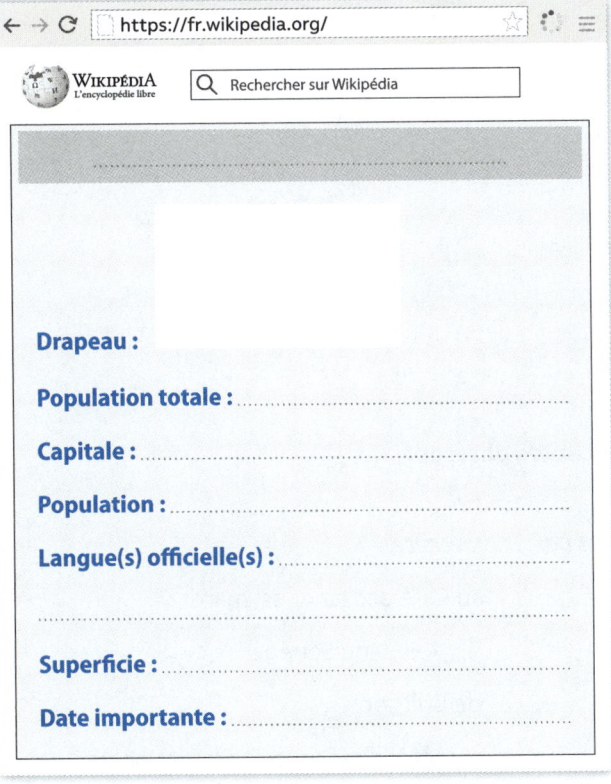

# LEÇON 3 — Faire connaissance

## Lexique

### Les rencontres linguistiques

**1** Complétez le texte de l'affiche avec les verbes suivants.

échangent – discuter – faire connaissance – participer – étudient – rencontrer – animent – organise

**Université de Lille 3 — SCIENCES HUMAINES ET SOCIALES**

Des jeunes du monde entier *étudient* dans notre université.

Le département des langues ................................ des réunions internationales : une opportunité pour les étudiants étrangers de ................................ des étudiants français, de ................................ et de ................................ dans des langues différentes.

Les étudiants français ................................ les réunions et les participants ................................ sur des thèmes différents.

Pour ................................ : inscription au Bureau des étudiants.

### Les salutations

**2** Classez les expressions dans le tableau. (Plusieurs possibilités.)

Bonjour ! – Au revoir ! – Bonsoir ! – À bientôt ! – À demain ! – Bonne soirée ! – Bonne journée ! – Salut !

| | | |
|---|---|---|
| **Saluer** | Le matin : | *Bonjour !* |
| | Le soir : | |
| **Prendre congé** | Le matin : | |
| | Le soir : | |

## Grammaire

### Le verbe *venir* au présent

**3** Retrouvez dans la grille les formes du verbe *venir* puis complétez les phrases.

| F | S | E | V | I | O | N | S |
|---|---|---|---|---|---|---|---|
| I | V | V | R | I | V | E | N |
| V | I | E | N | N | E | N | T |
| R | E | V | I | G | N | F | J |
| E | N | R | E | D | E | E | G |
| V | T | J | O | M | Z | S | F |
| E | T | V | E N | O | N | S |
| N | V | I | E | N | S | S | F |

Ex. : Demain, je ne **viens** pas à l'université.

a. Vous ................................ au Café des langues, mardi ?
b. Johanna et Luc ................................ du Sénégal.
c. Nous ................................ de Chicago.
d. Tu ................................ avec moi à la rencontre internationale ?
e. Mario est mexicain, il ................................ de Puebla.

## Les prépositions devant les noms de pays et de villes

**4** Quelle est leur origine ? Associez.

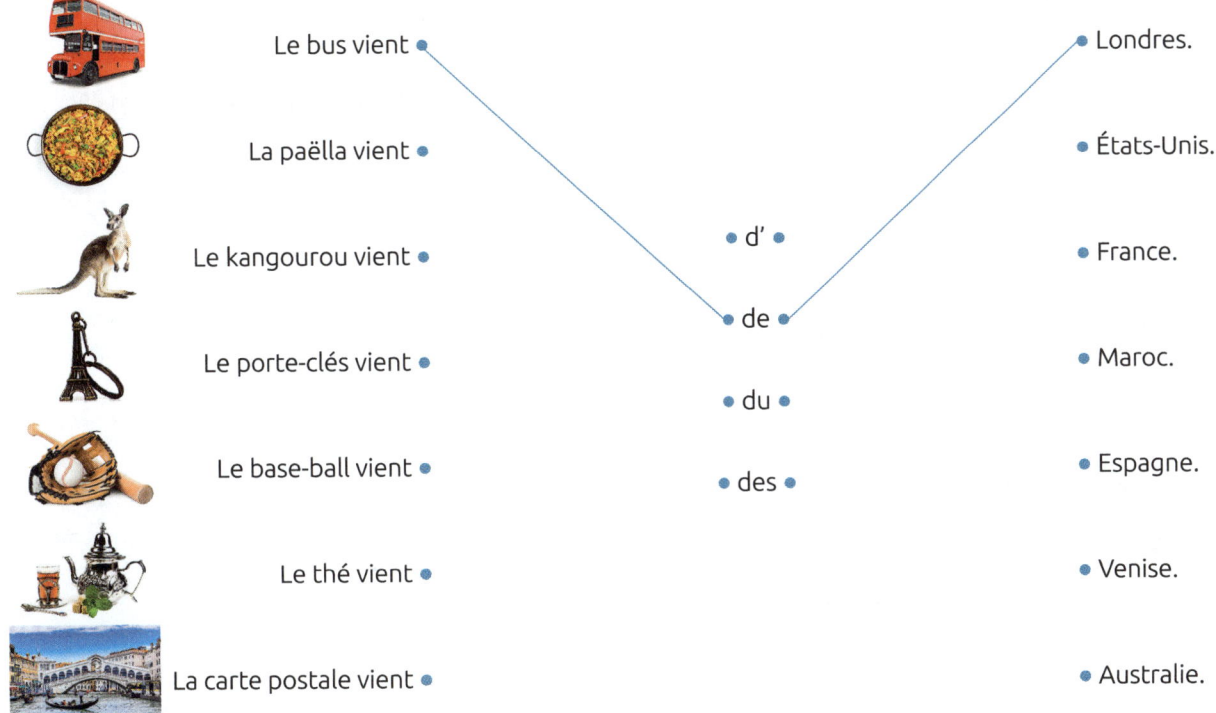

**5** Regardez la liste des participants et indiquez l'origine de chaque personne.

Ex. : *Sidarth Khan – britannique*  → *Il vient de Grande-Bretagne.*

1. Elle ........................................................................
2. Il ............................................................................
3. Elle ........................................................................
4. Il ............................................................................
5. Elle ........................................................................
6. Elle ........................................................................
7. Elle ........................................................................
8. Il ............................................................................

## La question avec *quel*

**6** Complétez avec *quel*, *quelle*, *quels* ou *quelles*.

Ex. : **Quel** est ton numéro de téléphone ?

a. Tu parles ................ langues ?
b. Vous venez de ................ pays ?
c. ................ sont tes sports favoris ?
d. ................ est la nationalité des participants ?
e. ................ sont les dates des rencontres ?
f. Tu habites dans ................ ville ?

## La question fermée

**7** Reformulez les questions, comme dans l'exemple.

Ex. : *Tu habites à Montréal ?* → *Est-ce que tu habites à Montréal ?*

a. Tu aimes la cuisine française ? → ................
b. Est-ce qu'elle est espagnole ? → ................
c. Il y a une rencontre aujourd'hui ? → ................
d. Vous venez du Japon ? → ................
e. Nous animons la table du français aujourd'hui ? → ................
f. Est-ce qu'ils étudient à l'université ? → ................

# Prononciation / Phonie-graphie

## La distinction [ɛ̃] / [ɛn]

**8** 🔊 16 Écoutez et cochez. Vous entendez [ɛ̃] comme dans *demain* ou [ɛn] comme dans *semaine* ?

Ex. : *américain.*

|      | Ex. | a | b | c | d | e | f | g | h |
|------|-----|---|---|---|---|---|---|---|---|
| [ɛ̃]  | ☒  | ☐ | ☐ | ☐ | ☐ | ☐ | ☐ | ☐ | ☐ |
| [ɛn] | ☐  | ☐ | ☐ | ☐ | ☐ | ☐ | ☐ | ☐ | ☐ |

# Communication

## Saluer et prendre congé

**9** Que dites-vous dans les situations suivantes ? Cochez la ou les phrase(s) possible(s).

a. Pour prendre congé le matin :
1. ☐ Au revoir, bonne journée !
2. ☐ Salut, bonne soirée !
3. ☐ Salut, ça va ?

b. Pour saluer le soir :
1. ☐ Bonne soirée !
2. ☐ Bonsoir, comment allez-vous ?
3. ☐ Salut, ça va ?

c. Pour prendre congé avant le week-end :
1. ☐ Salut !
2. ☐ Bonjour !
3. ☐ Au revoir, à lundi !

d. Pour saluer le matin :
1. ☐ À bientôt !
2. ☐ Bonne journée !
3. ☐ Bonjour !

## Demander des informations personnelles

**10** Complétez le dialogue avec les questions manquantes.

– Je parle français et anglais. Et vous, *vous parlez* ..................................................... ?

– Moi, je parle italien et français.

– .................................................................................................................................. ?

– Si, je suis français, mais mes parents sont italiens.

Et vous, ......................................................................................................................... ?

– Non, je suis britannique. .............................................................................................. ?

– Oui, à l'université de Marseille. J'étudie les sciences.

Et vous, ........................................................................................................................ ?

– Non, je travaille ici, je ne suis pas étudiant.

– .................................................................................................................................. ?

– Je suis assistant.

## Comprendre – S'exprimer

**11** Lisez l'affiche et répondez aux questions.

**Café polyglotte Lille**

LILLE INTERNATIONAL FRIENDS

Conversations, échanges dans des langues diverses, partage de cultures et d'expériences…

Venez pratiquer votre anglais, espagnol, chinois, allemand, arabe, français, etc., au **Café polyglotte de Lille**. Entrée libre.

**Yaya's bar**
*89, rue du Molinel – Lille*
**Tous les mercredis à partir de 20 heures**

Forum & site Internet
www.cafe-polyglotte.com
« Lille International Friends »
« Amis des cafés polyglottes »

**a.** Le Café polyglotte est dans quelle ville ?
..............................................................................

**b.** Les participants viennent pour quelle(s) raison(s) ?
..............................................................................

**c.** Ils discutent dans quelles langues ? ..................
..............................................................................

**d.** Les participants se rencontrent où et quand ?
..............................................................................

**e.** Quel est l'organisateur ? Quelle est l'adresse du site Internet ?
..............................................................................

**12** Vous désirez participer au Café polygotte de Lille. Complétez votre présentation et demandez des informations.

**Café polyglotte**
mercredi 18 avril
INSCRIPTION

Nom : ....................................... Prénom : .......................................

Profession ou activité : ...................................................................

Votre présentation (pays d'origine, langues parlées, motivation) : ...........
.............................................................................................................
.............................................................................................................

Vos questions : ..................................................................................
.............................................................................................................

Dossier 2 — Leçon 3

# BILAN

## Compétences linguistiques .../50

**1** Conjuguez les verbes au présent. *(1 point par réponse correcte)* .../12

De : patricia.gomes@gmail.com
À : gilles.drouelle@gmail.com
Objet : En France !

Salut !

Ça va ? Je suis en France ! J'_____ (apprendre) le français à l'université.

Les étudiants sont sympas, ils _____ (venir) de tous les pays.

Dans la classe, nous _____ (échanger) sur nos cultures et, avec le prof,

nous _____ (apprendre) des chansons françaises.

C'est intéressant ! Maintenant, je _____ (comprendre) bien les Français

et ils me _____ (comprendre) aussi ! Le week-end, avec mes amis, nous

_____ (voyager) dans le pays. Et toi, tu _____ (venir) quand ?

Bises,

Patricia

PS : Je _____ (partager) avec toi des photos de mes amis français.

---

De : gilles.drouelle@gmail.com
À : patricia.gomes@gmail.com
Objet : re : En France !

Coucou Patricia,

Super, ton expérience ! Moi, ça va.

J'ai une nouvelle amie, Lucia.

Elle est espagnole et elle

_____ (apprendre)

aussi le français.

Nous _____ (venir)

en France la semaine prochaine !

Tu _____ (partager)

avec nous des adresses d'hôtel ?

Gilles

**2** Complétez le dialogue avec les mots suivants. *(1 point par réponse correcte)* .../12

est-ce qu'   quel   quels   pourquoi   est-ce que   où   quand   quelle   quelles   qui

– Bonjour ! _____ vous êtes étudiant ici ?

– Oui, j'apprends le français. _____ vous posez la question ?

– Parce que je fais un reportage sur l'Alliance française. Vous venez de _____ pays ?

– Je suis italien.

– Vous habitez _____, en Italie ?

– À Florence.

– _____ vous apprenez le français ?

– Pour mon travail.

– _____ est votre profession ?

– Je suis diplomate.

– Ah, une profession internationale ! _____ langues vous parlez ?

– Je parle italien, anglais, espagnol. Et maintenant, le français !

– Vous venez à l'Alliance française _____ ? _____ jours ?

– Le mardi et le jeudi.

– _____ il y a d'autres Italiens dans votre classe ?

– Non, il y a des Américains, un Brésilien, une Espagnole, des Coréens… Je suis le seul Italien.

– _____ vous aimez les cours ?

– Oui !

– Et _____ est votre professeur ?

– C'est Alexandre Barraud, il est très sympathique.

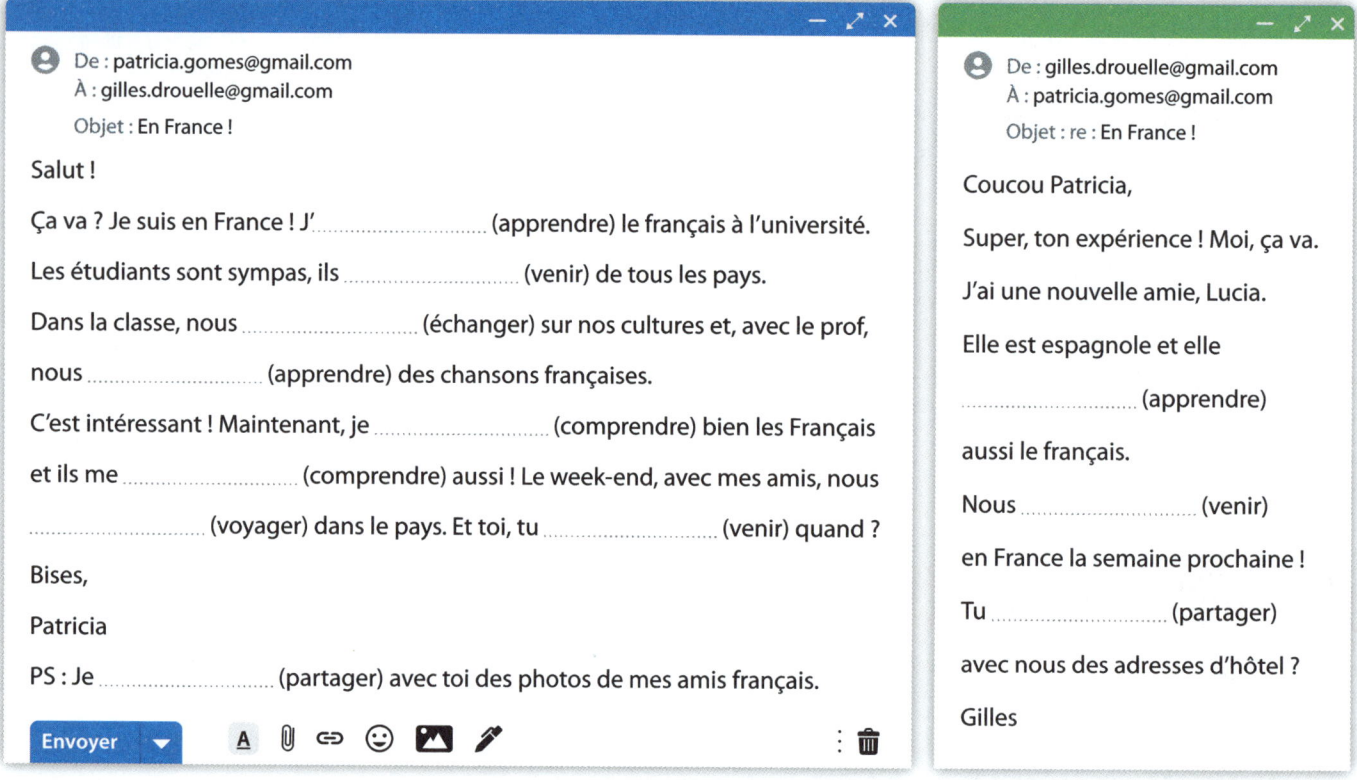

## 3 Entourez la préposition correcte. *(1 point par réponse correcte)* .../13

a. J'habite *en / à / de* Belgique, *à / au / en* Bruxelles.
b. Ils sont espagnols, ils viennent *de / d' / en* Espagne, *de / du / à* Madrid.
c. Je suis italien, je suis né *de / en / à* Rome, mais je travaille *au / aux / en* Brésil.
d. Nous venons *de / du / d'* Amsterdam, nous étudions *aux / au / des* États-Unis.
e. Frank vient *en / du / de* Canada, il habite *en / au / à* Hong Kong.
f. Tu voyages quand *en / au / à* Mexique ?
g. Je viens *aux / des / à* Philippines, mais j'habite *en / du / au* Portugal.

## 4 🔊 17 Écoutez et complétez les fiches de ces personnalités françaises. *(1 point par réponse correcte)* .../13

Ex. :
Nom : Mory Sacko
Profession : cuisinier
Année de naissance : 1992

a.
Nom : Léa Salamé
Profession : ..............
Année de naissance : ..............

b.
Nom : Benjamin Millepied
Profession : ..............
Année de naissance : ..............

c.
Nom : Camille et Julie Berthollet
Profession : ..............
Années de naissance : ..............
et ..............

d.
Nom : Céleste Brunnquell
Profession : ..............
Année de naissance : ..............

e.
Nom : Thomas Piketty
Profession : ..............
Année de naissance : ..............

f.
Nom : Yann Arthus-Bertrand
Profession : ..............
Année de naissance : ..............

# Compétences socioculturelles .../10

## 1 Quelles caractéristiques définissent un(e) francophone ? Barrez la ou les réponse(s) fausse(s). *(0,5 point par réponse correcte)* .../2

a. Il / Elle comprend une information en français à la radio ou à la télévision.
b. Il / Elle aime la langue française.
c. Il / Elle est capable de participer à une conversation en français.
d. Il / Elle lit et écrit en français.

## 2 Cochez la réponse correcte. *(1 point par réponse correcte)* .../3

a. Le français est une langue parlée sur ☐ 3 ☐ 4 ☐ 5 continents.
b. Le français est la ☐ 3ᵉ ☐ 4ᵉ ☐ 5ᵉ langue parlée dans le monde.
c. 60 % des francophones habitent sur le continent ☐ européen ☐ africain ☐ américain.

## 3 Entourez dans la liste suivante les territoires rattachés à la France. *(1 point par réponse correcte)* .../5

La Réunion – Madagascar – la Guyane – la Guadeloupe – le Cambodge – le Québec – la Martinique – la Nouvelle-Calédonie – le Sénégal

Résultats .../60

# LEÇON 1 : Rechercher / Proposer un hébergement

## Lexique

### L'hébergement

**1** Complétez les annonces avec les mots suivants.

centre-ville | ascenseur | ~~maison~~ | appartement | banlieue | parking | immeuble

a. Belle *maison* située dans le .................... de Nantes, près du métro. .................... gratuit à 200 mètres.

b. .................... situé dans la .................... de Toulouse, à 5 kilomètres de la ville. Dans un .................... moderne avec .....................

### Les pièces et les équipements

**2** Réécrivez la description de l'appartement avec les mots soulignés à la place correcte. Faites les modifications nécessaires.

> Dans le salon, il y a un grand <u>réfrigérateur</u> et une <u>baignoire</u>. La cuisine est équipée avec un <u>lit double</u>, un grand <u>canapé-lit</u> et une <u>télévision</u>. Il y a aussi une table avec quatre <u>cuisinières</u> dans la cuisine. Dans la chambre, il y a un <u>micro-ondes</u> et dans la chambre d'amis, un <u>lave-linge</u>. Il y a une <u>chaise</u> et un <u>canapé</u> dans la salle de bain.

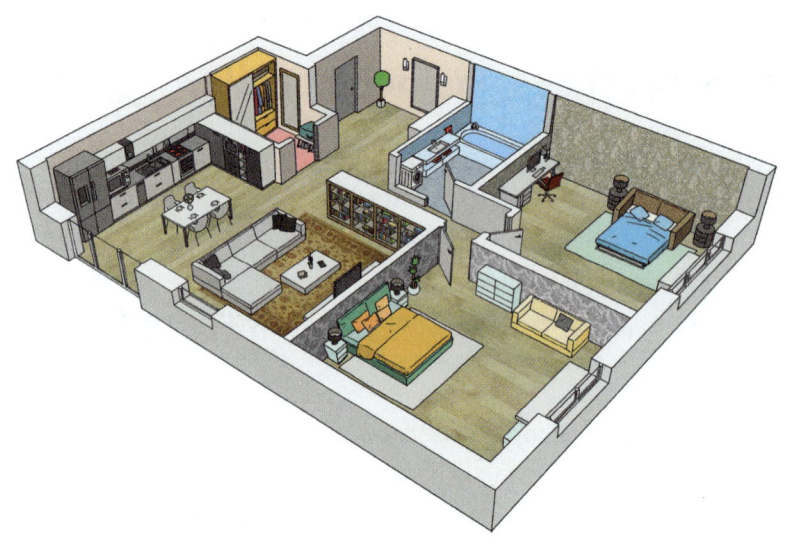

→ *Dans le salon, il y a un grand canapé* ....................
....................
....................
....................

## Caractériser une personne, un hébergement

**3** Soulignez les adjectifs corrects.

Ex. : Notre hôte est attentionné / gratuit / sympathique.

a. La salle de bain est *intéressante / petite / propre*.
b. Le logement est *attentionné / grand / agréable*.
c. La location est *moderne / contente / pratique*.
d. Lucie est une hôtesse *confortable / sympathique / disponible*.
e. La cuisine est *grande / intéressante / équipée*.

## Grammaire

### Les articles définis et indéfinis

**4** Complétez le texte avec des articles définis ou indéfinis.

J'habite dans *le* centre-ville de Marseille, dans ............ rue de la République.

J'ai ............ grand appartement dans ............ immeuble moderne.

............ immeuble est bien équipé, avec ............ ascenseur, ............ digicode et ............ parking.

Dans ............ appartement, il y a trois pièces. Il y a ............ équipements modernes dans ............ cuisine et, dans ............ salle de bain, il y a ............ baignoire et ............ douche.

### Les adjectifs qualificatifs

**5** Écrivez l'adjectif entre parenthèses à la forme correcte.

Ex. : Martin et Léa sont des hôtes **sympathiques** (sympathique).

a. La location est ........................ (parfait) pour quatre personnes.
b. C'est une ........................ (bon) location à un prix ........................ (intéressant).
c. La salle de bain est ........................ (grand) ?
d. Les lits sont ........................ (confortable).
e. Il y a une cuisine ........................ (équipé), elle est très ........................ (agréable).
f. Les chambres de l'appartement sont ........................ (beau).

**6** Mettez les mots dans l'ordre pour reconstituer les commentaires des voyageurs. Ajoutez les points en fin de phrase et les majuscules.

Ex. : grand – moderne – cuisine – avec – belle – réfrigérateur – un → Belle cuisine moderne avec un grand réfrigérateur.

a. un – dans – bien équipé – appartement – parfait – séjour

→ ........................

b. et – séjour – dans – logement – bon – propre – un – confortable

→ ........................

c. un – de – logement – bien situé – bel – Michel – est – le – appartement

→ ........................

d. sont – sympathiques – hôtes – Pierre et Leïla – agréables – et – des

→ ........................

e. cuisine – aimons – la – et – grande – équipements – les – modernes – nous

→ ........................

**7** Associez chaque nom à toutes les caractéristiques possibles. Mettez les adjectifs à la bonne place et faites les accords nécessaires.

une cuisine | une hôtesse | des toilettes | un séjour | un lit

beau | agréable | propre | disponible | confortable | petit | bon | équipé

Ex. : *une belle cuisine*

## C'est... – Il / Elle est...

**8** Complétez avec *c'est*, *il est* ou *elle est*.

- Salut, ça va ? Vous êtes à Nice ?
- Salut ! Oui, ça va !
- Et la location ? *Elle est* bien située ?
- Oui, ............ située dans le centre-ville.
- ............ un grand appartement ?
- Oui, ............ beau et pratique. ............ parfait pour quatre personnes.
- Et votre hôtesse ? ............ sympathique ?
- Oui. ............ une femme très disponible.

## Communication

### Décrire un hébergement

**9** À partir des informations suivantes, écrivez la description du logement.

Appartement centre-ville.
Station de métro République à 200 m.
Immeuble moderne avec ascenseur.
Parking gratuit.

4 voyageurs • 1 chambre • salon • 1 canapé-lit •
1 lit double • salle de bain • cuisine équipée • WiFi

**Équipements :**
- télévision
- cuisinière
- réfrigérateur
- machine à café
- lave-linge
- micro-ondes
- baignoire

**Description du logement :**
*L'appartement est situé* ............

## Caractériser une personne, un hébergement

**10** Lisez les commentaires et dites qui donne les notes suivantes.

**Samy**
Le canapé-lit n'est pas confortable !

**Karina**
Les toilettes et la salle de bain ne sont pas très propres !

**Vivi**
C'est un grand appartement avec une belle salle de bain. Il est parfait pour quatre personnes.

**Hector**
La chambre est petite et la cuisine n'est pas bien équipée.

**Tom**
C'est un appartement agréable, mais il n'y a pas d'ascenseur.

**Polo**
Nous sommes contents de notre séjour dans le bel appartement de Liliane.

**Julie55**
L'appartement est parfait, mais les hôtes ne sont pas très disponibles !

| | |
|---|---|
| ★★★★★ | |
| ★★★ | |
| ★★ | Samy – |

# Comprendre – S'exprimer

**11** 🔊 18 Écoutez la conversation.

**a. Vrai ou faux ? Cochez.**

1. Bénédicte a une bonne adresse d'hébergement à Toulouse. ☐ Vrai ☐ Faux
2. Dans l'appartement, il y a deux chambres, un salon, une cuisine et une salle de bain. ☐ Vrai ☐ Faux
3. Il y a une baignoire dans la salle de bain. ☐ Vrai ☐ Faux
4. Il y a un inconvénient : les lits ne sont pas confortables. ☐ Vrai ☐ Faux
5. L'appartement est situé à 50 mètres d'une station de métro. ☐ Vrai ☐ Faux

**b. À votre avis, Bénédicte donne quelles notes à l'appartement ? Associez.**

Propreté •
Communication •             • ★★
Emplacement •               • ★★★★
Rapport qualité-prix •

**12** 🔊 18 Réécoutez et écrivez le commentaire de Bénédicte sur la location.

................................................................................
................................................................................
................................................................................
................................................................................

# LEÇON 2 — Présenter un lieu « coup de cœur »

## Lexique

### Les lieux de la ville

**1** Où trouver ces éléments ? Associez chaque photo au lieu correspondant.

  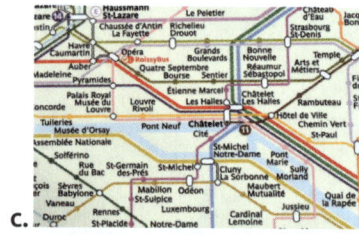 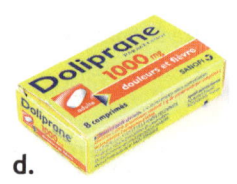

a.  b.  c.  d.

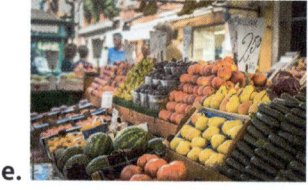 

e.  f.  g.

1. une boulangerie
2. un marché
3. un café
4. une pharmacie
5. un parc
6. un office de tourisme
7. la mairie

a → 7    b → ........    c → ........    d → ........    e → ........    f → ........    g → ........

**2** Complétez avec le nom du bâtiment ou du lieu.

Ex. :   a.   b.

Le Negresco, c'est un **hôtel** à Nice.    Notre-Dame de Paris, c'est une ................................ à Paris.    Trafalgar Square, c'est une ................................ à Londres.

c.   d.   e.

Les Tuileries, c'est un grand ................................ à Paris.    La Scala, c'est un ................................ à Milan.    Le Louvre, c'est un ................................ à Paris.

36 | trente-six

## Les expressions de localisation

**3** Regardez le plan et entourez la proposition correcte.

a. L'église est *près de / loin de / sur* la place, *en face de / près de / entre* la mairie.

b. La librairie est située *en face de / à côté de / derrière* l'église.

c. Il y a une boulangerie *entre / sur / devant* l'épicerie et la librairie.

d. Le parc est *derrière / devant / sous* l'église, *loin du / dans / en face du* musée.

e. L'hôtel est *sur / dans / devant* la rue Victor-Hugo.

f. Il y a un parking *derrière / devant / dans* l'hôtel.

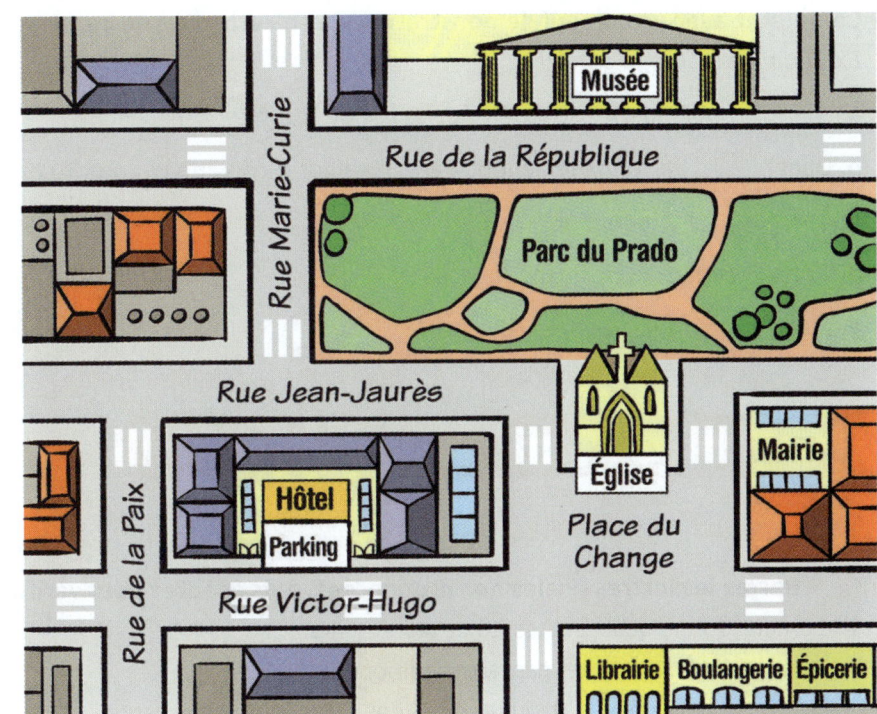

## Les nombres ordinaux

**4** Lisez les codes postaux et écrivez l'arrondissement correspondant.

*Ex. : 13002 → le deuxième arrondissement*

a. 69005 → ....................................
b. 75018 → ....................................
c. 13004 → ....................................
d. 75009 → ....................................
e. 69001 → ....................................
f. 75013 → ....................................

# Grammaire

## Les prépositions de lieu et l'article contracté

**5** Complétez avec *du, de la, de l', des, de, d'* ou *le, la, les*.

– Il y a un bon restaurant près *d'* ici ?

– Oui, *La Table de Colette* ! C'est un restaurant gastronomique situé dans ............ rue Laplace.

– C'est où ?

– Entre ............ rue Valette et ............ rue de la Montagne-Sainte-Geneviève.

Ce n'est pas loin ............ bibliothèque Sainte-Barbe et près ............ église Saint-Éphrem.

– C'est à côté ............ quelle station de métro ?

– C'est près ............ stations Cardinal-Lemoine et Maubert-Mutualité.

– Il y a une terrasse ?

– Oui, derrière ............ restaurant.

– Super !

– Ah, et en face ............ restaurant, il y a une autre bonne adresse : le restaurant *Tata Monique*.

– OK, merci !

## Les adjectifs démonstratifs

**6** Complétez avec un adjectif démonstratif (*ce, cet, cette, ces*) ou *ça*.

Ex. : *Combien coûte **ce** gâteau ?*

a. ............... boulangerie est située dans la rue des Carmes.
b. Dans ............... arrondissement de Paris, il y a des rues sympas.
c. Combien ............... coûte ?
d. Tu habites dans ............... rue ?
e. Merci pour ............... bonnes adresses !
f. ..............., c'est une spécialité d'ici ?
g. Tu as une chambre dans ............... hôtel ?
h. Qu'est-ce qu'il y a à côté de ............... église ?
i. ............... commerces sont situés sur le Vieux-Port.
j. Aujourd'hui, nous visitons ............... musée.

# Prononciation / Phonie-graphie

## Les consonnes finales muettes

**7** 🔊 19 **Barrez les lettres finales non prononcées, puis écoutez pour vérifier.**

a. Clément donne quatre adresses de restaurants.
b. J'adore les biscuits et les gâteaux traditionnels !
c. Dans cette librairie, vous trouvez des livres à des prix intéressants.
d. Les Marseillais aiment ce bar dans le quartier du Vieux-Port.

# Communication

## Faire un achat, une commande

**8** Réécrivez les trois dialogues dans l'ordre sous la photo correspondante.

**Dialogue 1 :** – D'accord. Je voudrais aussi ce manga. – Oui, voilà ! – Combien il coûte ? – Vingt et un euros.
– Bonjour ! Vous avez le dernier livre de Leïla Slimani ?

**Dialogue 2 :** – Et moi, je voudrais un café. Et l'addition, s'il vous plaît. – Un thé, s'il vous plaît ! – Par carte, sans contact.
– Bonjour ! Vous désirez ? – D'accord ! Vous payez comment ?

**Dialogue 3 :** – Oui. Ça, qu'est-ce que c'est ? – Alors je voudrais deux biscuits. – Vous désirez autre chose ?
– Bonjour ! Je voudrais ce sandwich, s'il vous plaît. – Huit euros cinquante, s'il vous plaît.
– C'est un biscuit au chocolat : une spécialité de la maison.

a.

b.

c.

– *Bonjour !* ...............

# Comprendre – S'exprimer

**9.** 🔊 20 **Écoutez puis cochez les informations correctes.**

a. *Le Lieu unique* est à ☐ Paris ☐ Nantes ☐ Marseille.
b. *Le Lieu unique* est situé ☐ sur une place ☐ dans une rue ☐ sur un quai.
c. C'est le nom ☐ d'un lieu administratif ☐ d'un lieu culturel ☐ d'un commerce.
d. Il est situé ☐ loin du centre-ville ☐ près de la gare ☐ à l'extérieur de la ville.
e. Dans *Le Lieu unique*, il y a aussi ☐ une boulangerie ☐ un restaurant ☐ un hôtel.

**10.** **Répondez au message de Tony. Proposez vos adresses et donnez des précisions sur les lieux et leur localisation.**

De : tony.abry@gmail.com

Coucou,
Je vais dans ta ville la semaine prochaine avec des amis. Est-ce que tu as des bonnes adresses pour un hôtel et un restaurant pour le soir ?
Tony

À : tony.abry@gmail.com

# LEÇON 3 — Indiquer un itinéraire

## Lexique

### Indiquer le chemin

**1** Entourez le verbe correct.

**Lyon Saint-Paul**
69005 Lyon

↑ 1. *Descendre* / *Traverser* les escaliers en direction de la place Saint-Paul.

↑ 2. *Longer* / *Tourner* la place Saint-Paul sur le côté gauche.

↑ 3. *Continuer* / *Longer* tout droit dans la rue Octavio-Mey.

↑ 4. *Descendre* / *Traverser* la Saône sur le pont de la Feuillée.

↖ 5. *Marcher* / *Prendre* légèrement à gauche dans la rue d'Algérie.

← 6. *Tourner* / *Marcher* à gauche dans la rue Terme.

↳ 7. *Prendre* / *Traverser* à droite dans la rue Sergent-Blandan.

← 8. Prendre à gauche et *continuer* / *monter* les escaliers de la Grande-Côte.

↑ 9. *Prendre* / *Traverser* le jardin de la Grande-Côte.

↑ 10. *Continuer* / *Tourner* tout droit jusqu'à la rue Jean-Baptiste-Say.

← 11. *Marcher* / *Prendre* à gauche dans la rue Jean-Baptiste-Say.

↳ 12. *Longer* / *Tourner* à droite dans le boulevard de la Croix-Rousse.

← 13. Tourner à gauche pour *traverser* / *arriver* sur la place de la Croix-Rousse.

**Place de la Croix-Rousse**
69004 Lyon

**2** Complétez le texte avec *enfin, puis, d'abord, ensuite*.

○─ **PARCOURS DE VISITE** ─○

À Marseille, le quartier du Panier est très intéressant à visiter ! La Vieille Charité est un lieu incontournable. Ce monument historique est un ancien hôpital transformé en centre culturel. Vous admirez .................... le bâtiment .................... vous faites des activités (elles sont gratuites en majorité). ...................., vous visitez le musée d'Archéologie ou le musée des Arts africains. ...................., vous allez au Centre international de poésie : il propose des expositions, des rencontres et des ateliers.

## Les moyens de transport

**3** Écrivez les noms des moyens de transport sous les photos.

Ex. : la trottinette    a. ............    b. ............    c. ............

d. ............    e. ............    f. ............

## Grammaire

### La préposition *à* + article / Le verbe *aller* au présent

**4** Entourez l'option correcte.

Eva :
Coucou ! Je suis *à la / à l' / au* aéroport ! Je prends le tramway jusqu'*à la / au / aux* gare de la Part-Dieu et après, comment je vais *au / aux / à l'* hôtel ?

Tu marches jusqu'*aux / à la / au* rue Vauban et tu tournes à droite quand tu arrives *aux / au / à la* parc. Moi, je viens à ton hôtel à 19 heures et on va ensemble *au / aux / à la* restaurant, OK ?

D'accord, super ! Le restaurant est loin ?

Non. Il y a dix minutes de marche jusqu'*aux / au / à la* quais du Rhône.

**5** Indiquez la destination. Utilisez le verbe *aller* conjugué au présent.

Ex. : la gare Saint-Lazare
→ *Jeanne et Rodrigo vont à la gare Saint-Lazare.*

a. les Halles → Je ............

b. le théâtre du Châtelet → Nous ............

c. la place de la Concorde → Tu ............

d. l'opéra Garnier → Marianne ............

e. l'Arc de triomphe → Vous ............

### Les prépositions *en* / *à* et les modes de déplacement

**6** Complétez avec une préposition (*à* / *en*) ou un article défini.

Ex. : *Je vais travailler* **en** *bus.*

a. Pour aller dans le centre-ville, je prends ......... métro.

b. Tes amis viennent ......... transports en commun ?

c. Vous allez à Bordeaux ......... train ?

d. J'adore visiter une ville ......... vélo !

e. On va au théâtre ......... pied ou on prend ......... voiture ?

### Les verbes *prendre* et *descendre* au présent

**7** Complétez avec les verbes *prendre* ou *descendre* conjugués au présent.

Ex. : *À quel arrêt est-ce que vous* **descendez** ?

a. Vous ........................... le métro à la station Créteil ?

b. Mathilde ........................... à Concorde ou à Madeleine ?

c. Je ........................... les transports en commun pour aller au travail.

d. Nous ........................... du tramway et nous arrivons.

e. Pour aller à l'université, Yvan ........................... son vélo.

## Prononciation / Phonie-graphie

### Les sons [e] et [ɛ]

**8** 🔊 21 Mots identiques (=) ou différents (≠) ? Écoutez et cochez.

|   | Ex. | a | b | c | d | e | f | g | h |
|---|---|---|---|---|---|---|---|---|---|
| = | ☒ | ☐ | ☐ | ☐ | ☐ | ☐ | ☐ | ☐ | ☐ |
| ≠ | ☐ | ☐ | ☐ | ☐ | ☐ | ☐ | ☐ | ☐ | ☐ |

## Communication

### Indiquer le chemin

**9** Regardez les dessins et mettez les indications dans l'ordre.

a. Ensuite, tu prends le pont Galliéni pour traverser la rivière

b. Tu marches jusqu'au quai

c. Tu arrives dans ma rue : la rue des Marronniers. J'habite au numéro 12.

d. puis tu tournes à gauche.

e. Tu montes les escaliers,

f. À la station de métro, tu prends à droite dans la rue des Carmes.

g. et tu longes la rivière sur 200 mètres.

h. et tu continues tout droit dans la rue Tupin.

f → ......... → ......... → ......... → ......... → ......... → ......... → .........

## Indiquer le mode de déplacement

**10** À partir des informations suivantes, indiquez le mode de déplacement de chaque personne.

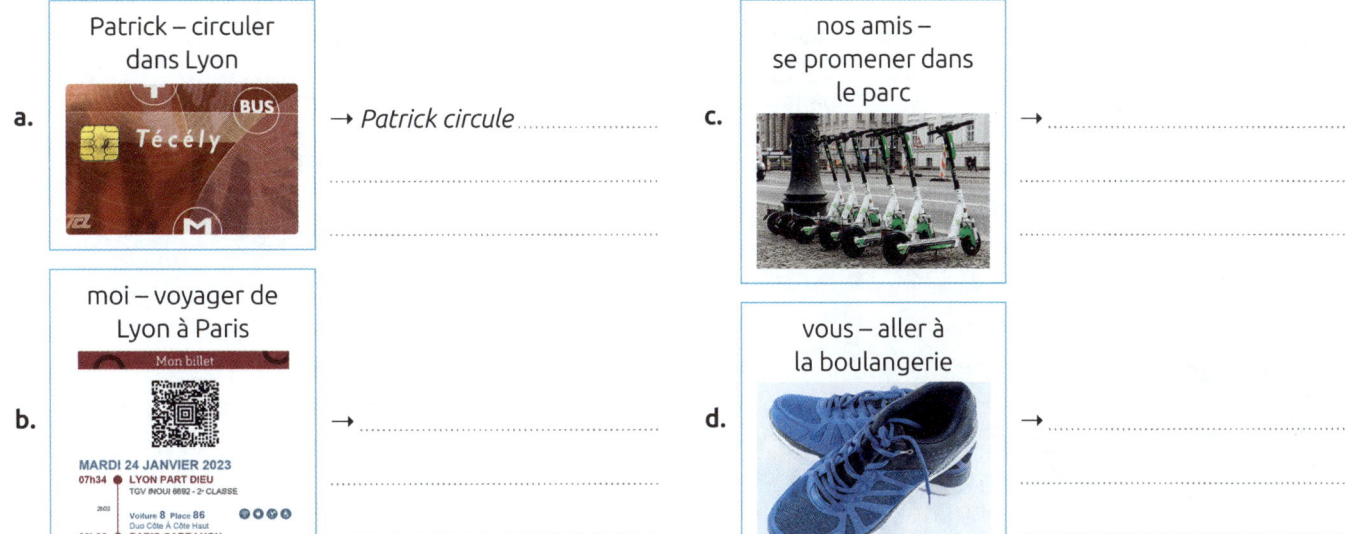

a. Patrick – circuler dans Lyon → Patrick circule ...........

b. moi – voyager de Lyon à Paris → ...........

c. nos amis – se promener dans le parc → ...........

d. vous – aller à la boulangerie → ...........

## Comprendre – S'exprimer

**11** Vous habitez Lyon. Vos amis demandent des informations. Lisez la page du site et donnez les indications demandées.

**musée des confluences**
**Comment venir ?**

**En transports en commun**

**Arrêt Musée des Confluences**
Tramway : T1
Bus : C7, C10, 15, 63

→ Depuis la gare Lyon – Part-Dieu
20 minutes : métro B, arrêt Debourg puis tram T1, arrêt Musée des Confluences
30 minutes : bus C7

→ Depuis la gare Lyon – Perrache
10 minutes : tramway T1, arrêt Musée des Confluences, bus 63

a. Je suis à la Part-Dieu. Quels transports je prends pour aller au musée des Confluences ?

Tu prends ...........

b. Comment aller au musée des Confluences au départ de Perrache ?

Tu prends ...........

**12** Vous invitez des personnes de la classe. Écrivez un message pour indiquer l'itinéraire de votre école à votre adresse.

Bonjour,
Voici mon adresse : ...........
Pour venir, vous ...........

# BILAN

## Compétences linguistiques   .../50

**1** Observez le plan et complétez la description avec les mots suivants. *(1 point par réponse correcte)*   .../12

sur — toilettes — dans — ascenseur — baignoire — devant — salon — cuisine — lit — chambre — à côté de — canapé

Il y a un ................ avec un grand ................ et une télévision, et une belle ................ avec un ................ double.
La ................ est équipée.
La salle de bain est ................ la chambre,
il y a une ................ et des ................ .
Il y a une terrasse juste ................ la cuisine.
................ la terrasse, il y a une table et des chaises.
Cet appartement est situé ................ un grand immeuble avec un ................ .

**2** Entourez la proposition correcte. *(1 point par réponse correcte)*   .../13

a. J'habite dans *une / cette* rue, à côté *le / du* restaurant *Le Bistrot*.
b. Vous venez *à la / à* Fête des Lumières *en / aux* transports en commun ?
c. Tu vas *au / à* centre-ville *en / à* pied ? Tu ne prends pas *en / le* bus ?
d. *L' / Un* appartement de Mathilde est situé dans *une / la* rue calme.
e. Tu continues tout droit jusqu'*au / aux* quais et tu prends *une / la* rue Bouteille.
f. *Ce / Cet* immeuble est près *de la / la* place de la Concorde ?

**3 a.** Placez les adjectifs à la forme correcte dans les commentaires. *(1 point par réponse correcte)*   .../9

1. beau – confortable – sympathique
2. bon – parfait – attentionné
3. situé – intéressant – petit

**A** Amélie Lefort ★★★★★ il y a 11 mois
................ accueil
................ ,
................ chambres
avec des ................ lits
................ .

**J** Jonas Fournier ★★★★★ il y a 2 jours
................ lieu
................ pour le déjeuner. Cuisine de
................ qualité ................ .
................ serveuses ................ .

**B** Bernard Bourbon ★★★★☆ il y a 1 semaine
................ salle
................ de spectacles, ................
dans le centre-ville.
................ spectacles ................ .

**b.** Associez chaque commentaire au lieu correspondant. *(1 point par réponse correcte)*   .../3

📍 *Théâtre des Marronniers* → commentaire ........
📍 *Mob Hôtel* → commentaire ........
📍 *Restaurant Chez Marinette* → commentaire ........

**4** Complétez avec les verbes *aller*, *prendre* ou *descendre* au présent. *(1 point par réponse correcte)* .../13

a.
– Excusez-moi, je voudrais une information sur un itinéraire.
– Oui, vous ..................... où ?
– Je ..................... au musée des Beaux-Arts : je ..................... quelle ligne de métro ?
– Vous ..................... la ligne A.
– Et je ..................... à quelle station ?
– Vous ..................... à la station Hôtel-de-Ville.
– D'accord, merci !

b.
– On ..................... au cinéma en voiture ?
– Oh non, on ne ..................... pas la voiture pour aller dans le centre-ville !
– Oui, c'est difficile de se garer ! En général, nous ..................... dans ce quartier à pied.

c.
– Tu ..................... souvent dans ce quartier ?
– Moi, non. Mais c'est un lieu de balade intéressant pour les touristes. Ils ..................... le funiculaire et ils ..................... aux théâtres romains puis ils montent à Fourvière et enfin, ils ..................... dans le Vieux-Lyon par les escaliers.

## Compétences socioculturelles   .../10

**1** Placez les villes suivantes sur la carte. *(1 point par réponse correcte)* .../4

Paris   Marseille   Lyon   Toulouse

**Les grandes villes de France**

Strasbourg, Nantes, Nice

**2** a. Corrigez les adresses. *(1,5 point par réponse correcte)* .../4,5

1. Étienne Gianuzzi
place de la Comédie 1
69001 Lyon
→ ...................

2. Paris, 75014
14 rue Didot
Maxime Pottier
→ ...................

3. Léa Prinetti
rue d'Endoume 60
Marseille 13007
→ ...................

b. Indiquez l'arrondissement pour chaque adresse. *(0,5 point par réponse correcte)* .../1,5

1. le ..................... arrondissement
2. .....................
3. .....................

Résultats .../60

Dossier 3 · Bilan

# LEÇON 1 — Parler de ses loisirs

## Lexique

### Les loisirs

**1** Écrivez les noms des activités de loisirs sous les photos.

*Ex. :* le dessin

a. ............................

b. ............................

c. ............................

d. ............................

e. ............................

f. ............................

g. ............................

h. ............................

**2** Complétez la grille avec le nom des instruments.

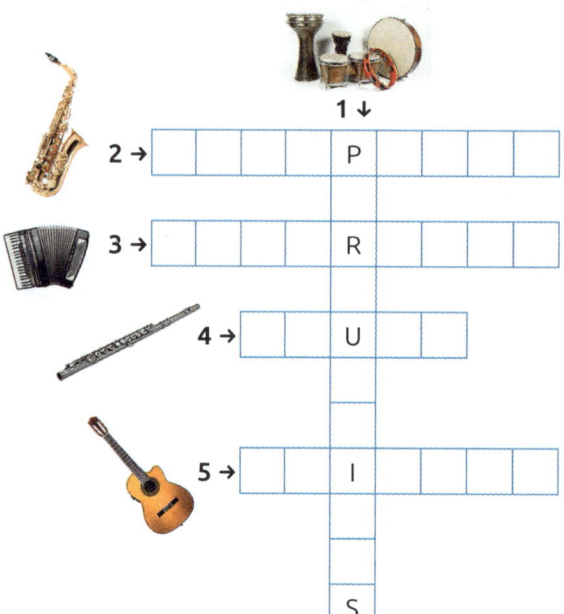

2 → ▢ ▢ ▢ P ▢ ▢ ▢
3 → ▢ ▢ ▢ R ▢ ▢ ▢
4 → ▢ ▢ U ▢ ▢
5 → ▢ ▢ ▢ I ▢ ▢ ▢
     S

46 | quarante-six

## Grammaire

### Le pronom *on*

**3** Complétez avec *on* ou *nous*.

Ex. : *La marche rapide, c'est super : **nous** faisons du sport et **nous** partageons de bons moments !*

a. Djamil et moi, ................... avons les mêmes passions : le dessin, la lecture et l'escalade.

b. Dans la famille, ................... est amateurs de musique : Safia et moi, ................... joue de la guitare et nos enfants, du piano.

c. ................... jouons au foot tous les dimanches avec des personnes du quartier. ................... est une super équipe !

d. Les enfants, qu'est-ce qu'................... fait ? ................... joue à un jeu ou ................... dessine ?

e. ................... ne participons pas aux activités parce que ................... n'habitons pas dans le quartier.

f. – Pierre et Jess, vous aimez le yoga ?

– Oui, ................... adore !

### La question *Qu'est-ce que... ?*

**4** Transformez les questions avec *Qu'est-ce que*.

Ex. : *On choisit quoi comme activité ? → Qu'est-ce qu'on choisit comme activité ?*

a. Quel jeu de société tu aimes ? → ...................

b. Vous faites quoi samedi ? → ...................

c. Quels sports ils aiment ? → ...................

d. Quelles activités on propose dans ce club ? → ...................

e. Tu préfères quoi : le football ou le handball ? → ...................

f. On organise quoi comme événement ? → ...................

### Faire de, jouer de / à

**5** Écrivez la description des activités de Simon.

> Arthur et Simon sont amis, mais ils ont des goûts opposés. Ils ne font pas les mêmes activités. Arthur fait de la musique : il joue de l'accordéon dans un groupe. Il joue au foot, il fait de la marche, mais il ne fait pas d'escalade. Il joue aux échecs dans un club. Il ne fait pas de loisirs créatifs : pas de peinture et pas de dessin.

→ *Simon ne fait pas de musique : il ne joue pas* ...................

Dossier 4 — Leçon 1

**6 Complétez le dialogue avec les verbes *faire* ou *jouer* conjugués au présent.**

*Ex. : Qu'est-ce que tu **fais** comme activité avec ton groupe Meetup ?*

– Nous ............... du sport : on ............... au tennis le dimanche, nous organisons des matchs.

– Et Corentin et toi, vous ............... des activités de loisirs ?

– Oui, moi, je ............... de la musique : je ............... du saxophone. Et Corentin, il ............... du basket dans un club. Ils ............... des matchs tous les week-ends. Et il ............... aussi du yoga.

## Prononciation / Phonie-graphie

### Les sons [ɔ̃] et [ɔn]

**7 🔊 22 Écoutez et cochez le son entendu.**

*Ex. : a. ballon – b. personne.*

|       | a | b | c | d | e | f | g | h | i | j |
|-------|---|---|---|---|---|---|---|---|---|---|
| [ɔ̃]  | ☒ | ☐ | ☐ | ☐ | ☐ | ☐ | ☐ | ☐ | ☐ | ☐ |
| [ɔn]  | ☐ | ☒ | ☐ | ☐ | ☐ | ☐ | ☐ | ☐ | ☐ | ☐ |

## Communication

### Dire ses goûts

**8 Utilisez les mots indiqués pour dire les goûts de chaque personne. (Plusieurs formulations possibles.)**

*Ex. :*

Carla (fan) → Carla est fan de lecture.

a. Hélène et Sarah (aimer) → ...............

b. Christophe (adorer) → ...............

c. Gregorio (détester) → ...............

d. Priscilla (passionnée) → ...............

e. Victor (ne pas aimer) → ...............

## Dire ses goûts / Parler de ses activités

**9** Associez les questions et les réponses possibles.

a. Qu'est-ce que tu fais comme sport ?
b. Vous aimez quoi comme musique ?
c. Tu aimes lire ?
d. Quelles activités tu aimes ?
e. Vous jouez d'un instrument ?
f. Qu'est-ce que tu détestes ?

1. Le rap et le jazz.
2. Le yoga et le dessin.
3. Oui, j'adore !
4. Oui, du piano.
5. Du foot et de l'escalade.
6. Non, je déteste la lecture !
7. J'aime bien le tennis.
8. Je fais de la flûte.
9. La couture : c'est ma passion.

## Comprendre – S'exprimer

**10** 🔊 23 Écoutez l'enquête.

a. Entourez les types d'activités correspondant à la personne interrogée.

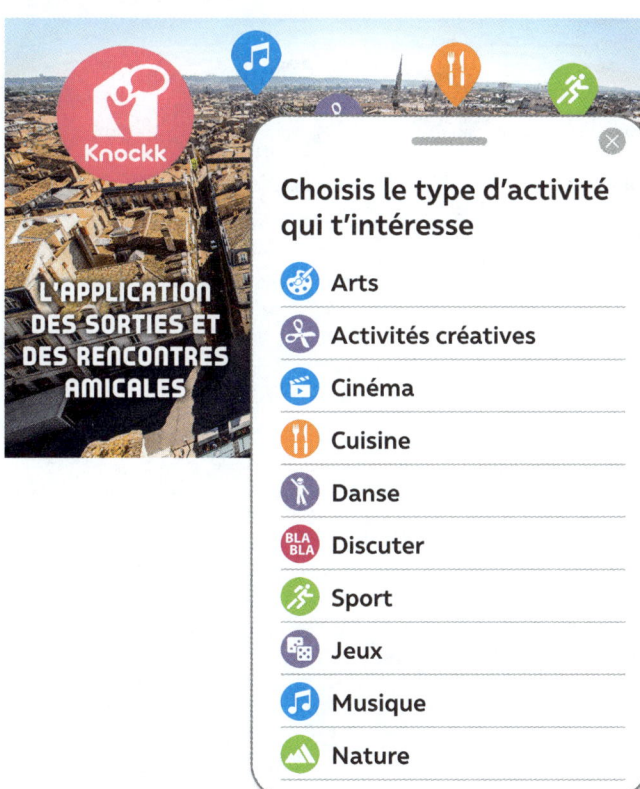

b. Complétez.

La personne interrogée fait ................................ avec un groupe dans des parcs.

Elle joue ................................ dans des soirées organisées avec d'autres personnes.

Elle fait ................................ avec des personnes de son quartier le samedi matin.

**11** Complétez votre profil sur Knockk. Parlez de vos goûts et de vos activités de loisirs.

Nom : ................................
À propos de moi :
................................

Date de naissance : ................................

# LEÇON 2 — Parler de sa famille

## Lexique

### La famille

**1** Regardez l'arbre familial. Lisez les informations sur les liens de parenté et corrigez si nécessaire.

a. Astrid est la mère de Jules et la tante de Manon. *Astrid est la femme de Jules et* ...................

b. Marc est le fils de Daniel, le mari de Camille et l'oncle de Lucas. ...................

c. Jacques est le père de Lucie et de Jonathan. ...................

d. Gaëlle et Anaïs sont les sœurs de Lucas et de Manon. ...................

e. Lucas est le fils de Jules et d'Astrid et le cousin de Manon. ...................

f. Lucie est la cousine de Colette et la mère de Manon. ...................

g. Daniel est le frère de Lucie et l'oncle de Lucas et de Manon. ...................

h. Manon est la fille de Jules et d'Astrid. ...................

### La personnalité et le physique

**2** Entourez la caractéristique correcte.

*Ex. :* Alicia est un peu *impatiente /(timide)* : elle n'aime pas parler à des personnes inconnues.

a. Blandine s'intéresse à beaucoup de choses, elle est très *curieuse / joyeuse*.

b. À l'école, Anaïs est très attentive et elle fait tout le travail demandé, elle est *créative / sérieuse*.

c. Yaël déteste attendre, elle est *indépendante / impatiente*.

d. Léa est très *joyeuse / sportive* : elle joue au football, fait de la natation et de l'escalade.

e. Marion est *créative / curieuse*, elle a de l'imagination, elle aime faire de la peinture.

f. Aïssa aime faire des choses seule, elle est *sérieuse / indépendante*.

g. Marine aime rire, elle est toujours *créative / joyeuse*.

3. Regardez les photos et complétez les descriptions des personnes.

Ex. : *Il est **blond** et il a les **yeux** verts.*

a. Elle est ................., elle a les cheveux ................. . Elle a les ................. marron.

b. Elles ont les ................. longs et ................. . Elles ont les ................. bleus.

c. Il est ................. et il a une ................. . Il a les cheveux ................. . Il a les yeux ................. .

d. Elle est ................. . Elle a les yeux ................. .

## Grammaire

### Les adjectifs possessifs

4. Complétez le dialogue avec des adjectifs possessifs.

— Elle est sympa cette photo, Nina ! C'est *ta* famille ?

— Oui, c'est le jour de l'anniversaire de ............. père, il est à droite sur la photo. C'est chez ............. parents, dans ............. jardin.

— Derrière ............. père, c'est ............. mari ?

— Oui, et l'adolescent, à côté, c'est ............. fils, Célestin.

— Et la femme à gauche, c'est qui ? Elle te ressemble !

— C'est ............. cousine ! Elle a deux enfants : ............. fille, la petite Chloé, est avec ............. grand-mère sur la photo. Et ............. fils, Maël, est devant Célestin.

— ............. parents sont contents d'être avec ............. petits-enfants !

### L'accord des adjectifs

5. Écrivez l'adjectif entre parenthèses à la forme correcte.

a. Amélia est *sérieuse* (sérieux) et ................. (timide), son amie Louise est ................. (joyeux) et ................. (actif).

b. Loïc et Arthur sont ................. (curieux) tous les deux.

c. Assia est ................. (sportif) mais Jade déteste le sport. Elles sont toutes les deux très ................. (joyeux).

d. Nathan et Pablo sont des artistes, ils sont très ................. (créatif). Nathan est ................. (sociable) mais Pablo est très ................. (indépendant).

e. Samuel et Oscar sont deux garçons très ................. (actif) et ................. (joyeux).

f. Victoria et Sofia sont très ................. (sportif), elles jouent au foot ensemble.

## C'est / Ce sont… – Il / Elle est… Ils / Elles sont…

**6** **Soulignez la formulation correcte.**
   a. J'aime bien ma voisine, *c'est / elle est* très souriante. *C'est / Elle est* une jeune femme canadienne.
   b. Paul et Colette ? *Ce sont / Ils sont* mes grands-parents. *Ce sont / Ils sont* très actifs pour leur âge.
   c. Je te présente Sandra ! *C'est / Elle est* ma cousine. *C'est / Elle est* très sympa !
   d. – Qui sont les deux jeunes femmes sur la photo ? *Ce sont / Elles sont* joyeuses !
      – *Ce sont / Elles sont* les sœurs de Gaël.
   e. – Ton père, *c'est / il est* l'homme à droite sur la photo ?
      – Oui, *c'est / il est* blond avec les cheveux courts.
   f. Ma mère est aussi sur la photo : *c'est / elle est* la femme à côté de la porte. *C'est / Elle* est grande et brune.

# Prononciation / Phonie-graphie

## Les homophones *ces* et *ses*

**7** a. 🔊 24 **Écoutez la prononciation de *ces* et *ses* puis cochez.**
La prononciation est ☐ identique ☐ différente.
   b. **Complétez avec *ces* ou *ses*.**
   1. Roméo va faire *ses* études à l'étranger. Il va partager la vie d'une autre famille, ............ habitudes et ............ traditions.
   2. – Qui sont les parents d'Adèle ?
      – ............ parents ? Ce sont ............ personnes à droite sur la photo.
   3. Antoine part en Allemagne, ............ grands-parents vivent à Munich. Il va rencontrer ............ cousins.
   4. Lucas fait de la peinture et du dessin ; il adore ............ activités créatives.
   5. – Pourquoi tu étudies l'anglais et l'allemand ?
      – Je fais ............ études parce que j'aime les langues.
   6. Regarde ............ photos : ce sont des personnes de ma famille.
   7. Demain, nous invitons Jeremy et ............ amis. ............ jeunes sont très sociables et curieux.

# Communication

## Présenter et décrire des personnes

**8** **Mettez les éléments dans l'ordre correct pour former des phrases. Ajoutez la ponctuation et les majuscules. (Plusieurs possibilités.)**

   a. je vous présente – il est – c'est – très créatif – un fan de *street art* – et – il est – Gabriel – argentin
      → *Je vous présente Gabriel. Il est* ....................................................................................

   b. je te présente – Elsa – dynamique – c'est – elle est – et – joyeuse – mon amie
      ...........................................................................................................................................

   c. voici – c'est – timide – ma cousine – elle est – Johanna
      ...........................................................................................................................................

   d. je vous présente – ce sont – Yannis – et – curieux – mes collègues – ils sont – Bruno – et – sportifs
      ...........................................................................................................................................

## 9

**a.** Associez chaque information à la photo correspondante.

1.     2.     3.     4.     5.     6.

**a.** Elle a les yeux verts. → photo *3*
**b.** Elle est rousse. → photo ........
**c.** Elle a les cheveux blonds. → photo ........
**d.** Il a les yeux marron. → photo ........
**e.** Il a les cheveux longs. → photo ........
**f.** Il a une grosse barbe. → photo ........

**b.** Complétez la description physique pour chaque personne.

1. ........
2. ........
3. ........
4. ........
5. ........
6. ........

## Comprendre – S'exprimer

**10** Lisez cette page d'un site Internet. Vrai ou faux ? Cochez.

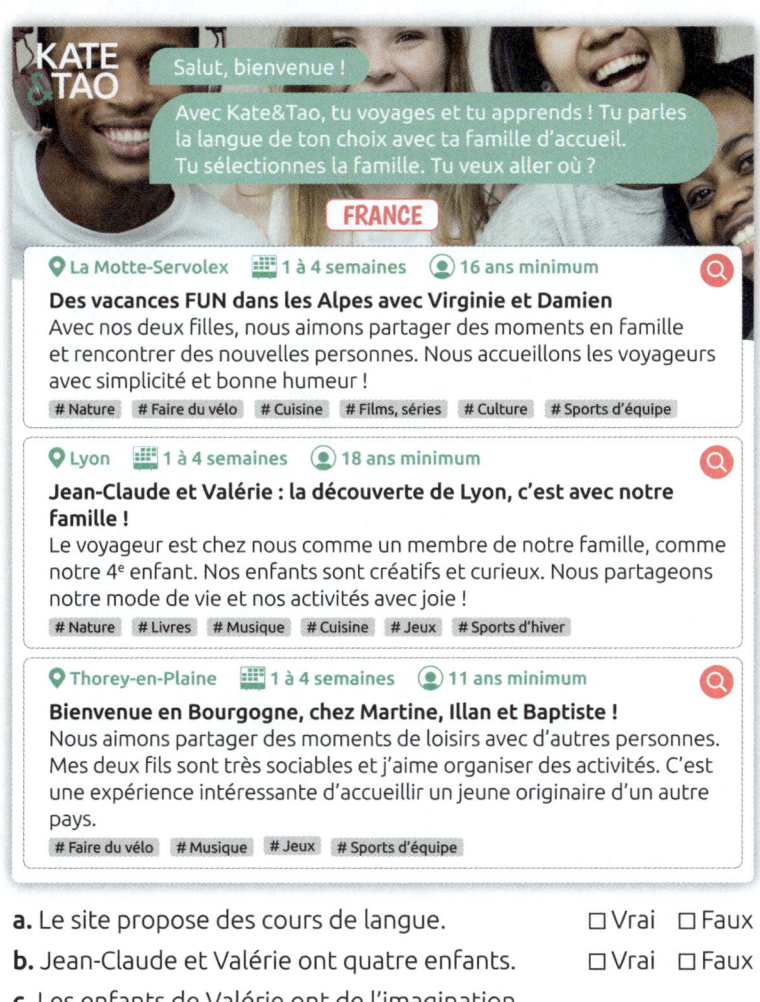

**a.** Le site propose des cours de langue. ☐ Vrai ☐ Faux
**b.** Jean-Claude et Valérie ont quatre enfants. ☐ Vrai ☐ Faux
**c.** Les enfants de Valérie ont de l'imagination et s'intéressent à beaucoup de choses. ☐ Vrai ☐ Faux
**d.** Martine accueille des adolescents. ☐ Vrai ☐ Faux
**e.** Les enfants de Martine n'aiment pas rencontrer des nouvelles personnes. ☐ Vrai ☐ Faux

**11** Vous proposez d'accueillir des voyageurs. Présentez votre famille. Indiquez vos goûts et vos loisirs. Précisez l'âge minimal de la personne à accueillir et la durée du séjour avec vous.

# LEÇON 3 — Annoncer / Réagir à une nouvelle

## Lexique

### Les indicateurs temporels

**1** Associez chaque date à l'indicateur correspondant.

Aujourd'hui, nous sommes le mardi 21 juin.

- a. le 25 et le 26 juin
- b. le 22 juin
- c. du 27 juin au 3 juillet
- d. le 23 juin
- e. le 28 juin
- f. le 21 juillet

- 1. demain
- 2. après-demain
- 3. le week-end prochain
- 4. la semaine prochaine
- 5. le mois prochain
- 6. mardi prochain

(a. → 3. le week-end prochain)

### Le registre familier

**2** Reformulez les messages : remplacez les mots soulignés par des formulations du registre familier.

Ex. : J'ai un nouveau <u>professeur</u> de français, il est génial !
→ J'ai un nouveau prof de français, il est génial !

a. Tu es <u>disponible</u> demain pour aller au <u>cinéma</u> ?
→ ...........................................................

b. J'organise une fête avec des <u>amis</u> de la <u>faculté</u>, tu viens ?
→ ...........................................................

c. Bonne nouvelle : j'ai un nouveau <u>travail</u> ! Je commence à <u>travailler</u> après-demain !
→ ...........................................................

d. Tu as une photo de ton nouvel <u>appartement</u> ?
→ ...........................................................

e. <u>D'accord</u> ! <u>À plus tard</u> !
→ ...........................................................

# Grammaire

## Le passé récent et le futur proche

**3** Racontez les événements. Utilisez le passé récent et le futur proche.

Ex. :
– Amélie
– Événement récent : avoir le permis de conduire
– Projet : acheter une voiture
→ *Amélie vient d'avoir le permis de conduire, elle va acheter une voiture.*

a.
– Félix
– Événement récent : trouver un travail à Bordeaux
– Projet : changer de ville
→ ...........................................................................
...........................................................................

b.
– Emmanuel et moi
– Événement récent : trouver un nouvel appartement
– Projet : organiser une fête
→ ...........................................................................
...........................................................................

c.
– Karim et Patricia
– Événement récent : avoir un bébé
– Projet : changer d'appartement
→ ...........................................................................
...........................................................................

d.
– Félicia et Maëlle
– Événement récent : terminer leurs études
– Projet : faire le tour du monde
→ ...........................................................................
...........................................................................

**4** Complétez avec *venir de* ou *aller*. Faites les modifications nécessaires.

Ex. : Dominique **va** changer de travail : il n'est pas content dans son entreprise actuelle.

a. Nous .................... arriver dans notre nouvel appartement. Nous .................... être heureux ici !

b. Vous .................... venir à la fête de Yannick, la semaine prochaine ?

c. Ouf ! Je .................... finir ma journée de travail ! Je .................... rentrer chez moi à pied.

d. L'école .................... téléphoner : mon fils est malade.

e. Quand est-ce que tu .................... répondre au message de Sophie ?

f. Mes parents .................... avoir une bonne nouvelle. Ils .................... fêter ça demain !

## Les pronoms toniques

**5** Complétez avec des pronoms toniques.

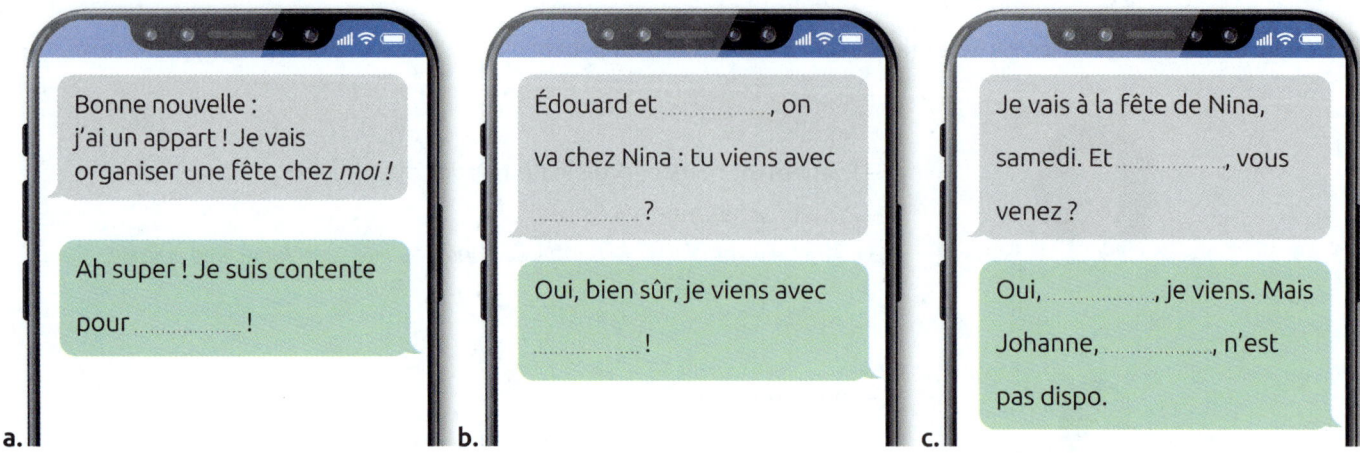

a. Bonne nouvelle : j'ai un appart ! Je vais organiser une fête chez *moi* !
Ah super ! Je suis contente pour ............. !

b. Édouard et ............., on va chez Nina : tu viens avec ............. ?
Oui, bien sûr, je viens avec ............. !

c. Je vais à la fête de Nina, samedi. Et ............., vous venez ?
Oui, ............., je viens. Mais Johanne, ............., n'est pas dispo.

**6** Reformulez avec des pronoms toniques, pour éviter les répétitions.

*Ex. : Je suis en voiture avec mon père, nous allons chez mon père.*
→ *Je suis en voiture avec mon père, nous allons chez **lui**.*

a. Mes amies, Olivia et Marta, ont un super appartement ! Je suis heureuse pour Olivia et Marta !

→ ..................................................................................................................................................................

b. Je suis avec mamie, chez mamie.

→ ..................................................................................................................................................................

c. Le week-end prochain, je vais chez des potes. Je passe le week-end avec ces potes.

→ ..................................................................................................................................................................

d. Thomas n'est pas dispo, il travaille. C'est dommage pour Thomas !

→ ..................................................................................................................................................................

e. Nos amis, Damien et Jeanne, ont leur permis ! On va fêter la bonne nouvelle avec Damien et Jeanne.

→ ..................................................................................................................................................................

f. Ma mère et moi, nous sommes malades. Nous allons rester chez ma mère et moi aujourd'hui.

→ ..................................................................................................................................................................

# Communication

## Exprimer une réaction

**7** Quelle réaction a un sens différent ? Barrez l'intrus dans chaque liste.

*Ex. : Génial ! – D'accord ! – Super !*

a. Je suis désolé pour toi ! – Je suis content pour toi ! – Je suis heureux pour toi !
b. Félicitations ! – Bravo ! – Dommage !
c. C'est super ! – C'est dommage ! – C'est top !
d. Je suis désolé ! – Quelle bonne nouvelle ! – C'est dommage !
e. À plus ! – Génial ! – C'est bien !

## Prendre congé dans un message

**8** Observez les photos et complétez les bulles avec les expressions correspondantes.

À plus !   Bises   À très vite !   Gros bisous   À bientôt !   Je t'embrasse !   À plus tard !

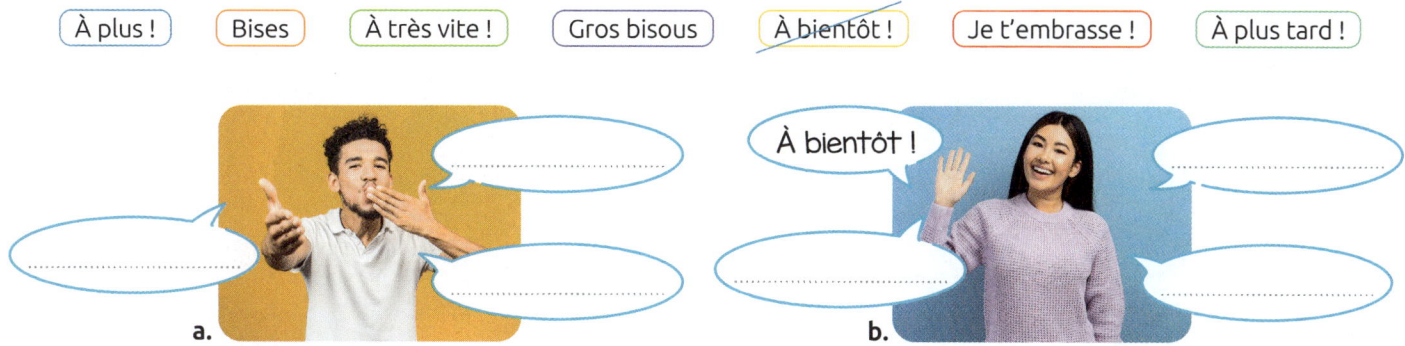

a.   b.

# Comprendre – S'exprimer

**9** Lisez l'échange de messages entre Elsa et les membres de sa famille. Vrai ou faux ? Cochez.

a. Elsa annonce une bonne nouvelle à sa famille.  ☐ Vrai ☐ Faux
b. Elsa vient de passer un an en Angleterre pour le travail.  ☐ Vrai ☐ Faux
c. Elsa vient de trouver un appartement à Londres.  ☐ Vrai ☐ Faux
d. Un membre de la famille a une réaction mitigée.  ☐ Vrai ☐ Faux
e. Le frère d'Elsa ne va pas pouvoir venir à Londres.  ☐ Vrai ☐ Faux

**10** Vous êtes un(e) ami(e) d'Elsa. Répondez à son message, exprimez une réaction.

# BILAN

## Compétences linguistiques     .../50

**1** **Décrivez les goûts et les activités des personnes. (Plusieurs formulations possibles.)**     .../10
*(1 point par réponse correcte)*

Ex. : Gaëlle – ♥ la musique – activité pratiquée : les percussions

→ *Gaëlle aime la musique, elle fait / joue des percussions.*

**a.** ma mère et moi – ♥ dessiner – activité pratiquée : la peinture

→ ...............................................................................................................................................................

**b.** moi – ♥♥ les activités créatives – activité pratiquée : la couture

→ ...............................................................................................................................................................

**c.** toi – ✖✖ les sports collectifs – activité pratiquée : l'escalade

→ ...............................................................................................................................................................

**d.** Victor et Paul – ♥♥ jouer – activité pratiquée : les échecs

→ ...............................................................................................................................................................

**e.** Michel et toi – ✖ faire du sport – activité pratiquée : 0

→ ...............................................................................................................................................................

**2** **Complétez puis associez les questions et les réponses.** *(1 point par mot correct et 1 point par association correcte)*     .../15

a. ................................ il fait comme sport ?  •   • 1. J'................................ la peinture.

b. ................................ activité elle va choisir l'année prochaine ?  •   • 2. Nous ................................ de faire un match.

c. On fait ................................ maintenant ?  •   • 3. Elle ................................ faire du tennis.

d. ................................ vous venez de faire ?  •   • 4. On ................................ au foot !

e. ................................ activité créative tu aimes ?  •   • 5. Il ................................ de l'escalade dans un club.

**3** **Entourez le mot correct.** *(1 point par réponse correcte)*     .../12
 **a.** Les enfants sont avec *leur / son* grand-père : ils passent le week-end chez *il / lui*.
 **b.** Josiane a trois enfants : *son / ses* fils s'appelle Gabriel et *leur / ses* deux filles, Lydia et Laetitia.
 **c.** *Nous / On* va jouer au tennis demain matin. Tu viens avec *moi / nous* ?
 **d.** – La fille de *ton / ta* tante Isabelle, c'est ta *grand-mère / cousine* préférée ?
  – Oui, elle est très importante pour *elle / moi*.
 **e.** *On / Nous* venons de passer un bon moment avec *sa / notre* tante : la *sœur / fille* de maman.

**4** Karine présente et décrit sa famille. Utilisez les indications données. Faites les modifications nécessaires.
*(1 point par réponse correcte)* .../13

| Personne(s) | Lien de parenté | Personnalité | Description physique |
|---|---|---|---|
| Luc | père | actif | couleur des yeux : 👁 (bleu) |
| Marianne | mère | joyeux | couleur des yeux : 👁 (vert) |
| Julien et Baptiste | frères | curieux | couleur des cheveux : (blond) |
| Julia et Valentine | sœurs | sportif | couleur des cheveux : (roux) |
| Lila | fille | créatif | couleur des cheveux : (brun) |

Luc, c'est mon père. Il est actif. Il ..................................................................

## Compétences socioculturelles .../10

**1** Registre standard ou familier ? Classez les messages. *(1 point par réponse correcte)* .../4

a.
- Coucou ! Tu es dispo samedi, pour fêter mon permis ?
- Non, désolée, samedi, je bosse… À plus !

b.
- J'ai un nouveau travail !
- Je suis très heureuse pour toi, c'est une bonne nouvelle !

c.
- Je ne vais pas venir demain, je suis malade.
- C'est dommage. Tu vas appeler le médecin ?

d.
- Je viens de trouver un nouveau boulot !
- C'est top ! Bravo !

| Registre standard | Registre familier |
|---|---|
| Messages ............... | Messages ............... |

**2** Cochez la réponse correcte. *(1 point par réponse correcte)* .../6

En France :
a. une famille est considérée comme « nombreuse » à partir de ☐ 2 ☐ 3 ☐ 4 enfants.
b. le nombre de familles monoparentales ☐ augmente (↗) ☐ est stable (→) ☐ diminue (↘).
c. les femmes ont en moyenne ☐ 1 enfant ☐ 2 enfants ☐ 3 enfants.
d. il y a ☐ 1 type ☐ 2 types ☐ 3 types d'union officielle pour un couple.
e. le nombre de mariages ☐ augmente (↗) ☐ est stable (→) ☐ diminue (↘).
f. les personnes se marient en moyenne ☐ avant 20 ans ☐ entre 20 et 30 ans ☐ entre 30 et 40 ans.

Résultats .../60

# LEÇON 1 — Parler de l'organisation au travail

## Lexique

### Les activités au travail

**1** Complétez avec les mots suivants. Faites les modifications nécessaires.

envoyer | rendez-vous | commence | visioconférence | recevoir | fixe | projet | termine | ordre du jour

a. On .................... un *rendez-vous* pour notre prochaine réunion ?

b. La réunion .................... à 9 heures et se .................... à 11 heures.

c. Il annonce à ses collègues le .................... de la réunion.

d. Vous organisez une réunion en présentiel ou en .................... ?

e. Trois équipes travaillent sur ce .................... .

f. Je préfère .................... mes mails à cette adresse.

g. Elle va .................... les documents pour la réunion à Martine.

**2** Retrouvez cinq équipements nécessaires à la visioconférence puis écrivez-les à la place correcte.

DIORTEUNAR | NACRÉ | RACAMÉ | CRMIO | CAUESQ

a. un é....................
b. un c....................
c. un m....................
d. une c....................
e. un o....................

### Situer dans le temps

**3** Associez les moments équivalents.

Aujourd'hui, …

a. à 18 heures, après le travail •  • 1. ce matin
b. à 8 heures, avant le travail •  • 2. cet après-midi
c. pendant la pause déjeuner •  • 3. ce soir
d. après la pause déjeuner •  • 4. ce midi
e. avant la pause déjeuner •

60 | soixante

# Grammaire

## Les verbes en -cer au présent

**4** Complétez avec les verbes *commencer*, *déplacer*, *placer* ou *annoncer* conjugués au présent.

Ex. : Nous **plaçons** les rendez-vous dans l'agenda.

a. Vous ............................................. l'ordre du jour ?

b. On ............................................. la nouvelle à nos collègues.

c. Madame Mathieu ne peut pas venir jeudi. Nous ............................................. son rendez-vous quel jour ?

d. La réunion ............................................. à quelle heure ?

e. Les organisateurs ............................................. les personnes en groupes.

f. Mes collègues et moi ............................................. aujourd'hui le travail sur le projet.

## Les prépositions pour indiquer les horaires

**5** Lisez l'ordre du jour. Puis complétez avec les prépositions *à*, *de*, *jusqu'à* ou *vers*.

---
**ORDRE DU JOUR**

9 h – Ouverture de la réunion
9 h 30 – Présentation du projet
12 h – Pause déjeuner
14 h – 16 h 30 – Groupes de travail (petite pause ≈ 15 h)
16 h 30 – 17 h – Organisation de la prochaine réunion

---

a. La réunion commence *à* 9 heures et la présentation du projet est ............................................. 9 h 30.

b. Les participants font une pause déjeuner ............................................. 12 heures ............................................. 14 heures.

c. L'après-midi, les participants travaillent en groupes ............................................. 16 h 30, avec une pause ............................................. 15 heures.

d. La journée se termine ............................................. 17 heures.

## Les verbes *pouvoir* et *vouloir* au présent

**6** À partir des éléments suivants, écrivez des phrases avec les verbes *pouvoir* et *vouloir*.

Ex. : Martine / impossibilité de venir demain → Martine ne peut pas venir demain.

a. vous / volonté de commencer à 9 heures → .............................................

b. je / possibilité de créer un Doodle → .............................................

c. les clients / possibilité de changer l'heure du rendez-vous → .............................................

d. tu / volonté d'animer cette réunion / ? → .............................................

e. mes collègues / pas de volonté de participer au projet → .............................................

f. nous / impossibilité d'utiliser notre caméra → .............................................

g. Grégoire / volonté d'envoyer le mail ce soir → .............................................

# Prononciation / Phonie-graphie

## Les sons [ø] et [œ]

**7** 🔊 25 **Écoutez et cochez le son entendu dans les mots : [ø] comme dans *peux* ou [œ] comme dans *peuvent*.**

*Ex. : deux.*

|      | Ex. | a | b | c | d | e | f | g | h | i |
|------|-----|---|---|---|---|---|---|---|---|---|
| [ø]  | ☒   | ☐ | ☐ | ☐ | ☐ | ☐ | ☐ | ☐ | ☐ | ☐ |
| [œ]  | ☐   | ☐ | ☐ | ☐ | ☐ | ☐ | ☐ | ☐ | ☐ | ☐ |

# Communication

## Demander et indiquer l'heure et les horaires

**8** Associez pour former un maximum de phrases.

a. On commence — 1. à 10 heures.
b. Il est — 2. de 12 heures à 13 heures.
c. Les équipes font la pause déjeuner — 3. 17 heures.
d. La réunion se termine — 4. vers 12 h 30.
— 5. à quelle heure ?
— 6. quelle heure ?
— 7. jusqu'à quelle heure ?

## Demander et indiquer des disponibilités

**9** Reconstituez les deux dialogues.

Moi aussi ! | Vous êtes libre demain à 10 heures ? | Quelles sont tes disponibilités cet après-midi ?

Moi non plus. | Je suis libre de 14 heures à 16 heures, et toi ? | Non, je ne suis pas disponible.

**Dialogue 1 :**

– *Vous êtes libre demain à 10 heures ?*
– ...........
– ...........
– ...........

**Dialogue 2 :**

– ...........
– ...........
– ...........
– ...........

**10** Réagissez avec *moi aussi* ou *moi non plus*, comme dans l'exemple.

*Ex. : Je suis disponible le 22 ! → Moi aussi !*

a. Olivier ne peut pas venir ce matin. → ...........

b. Florence a un rendez-vous à 10 heures. → ...........

c. Ce n'est pas possible pour moi le 8, je ne suis pas dispo. → ...........

d. Paul et Sophie ne sont pas libres cet après-midi. → ...........

e. Ludmila peut participer à la réunion. → ...........

# Comprendre – S'exprimer

**11** 🔊 26 **Écoutez et cochez la ou les bonne(s) réponse(s).**

a. Pierre téléphone à Myriam pour…
☐ prendre rendez-vous.
☐ déplacer un rendez-vous.
☐ parler d'un problème au travail.

b. Pierre est disponible…
☐ le 18 à 9 heures.
☐ le 19 à 9 heures.
☐ le 20 de 14 h 30 à 16 heures.

c. Myriam n'est pas disponible…
☐ le 18.
☐ le 19.
☐ le 20.

d. Pierre et Myriam fixent un rendez-vous…
☐ le 19, le matin.
☐ le 20, le matin.
☐ le 20, l'après-midi.

**12 Lisez le mail puis répondez : indiquez votre participation et vos disponibilités.**

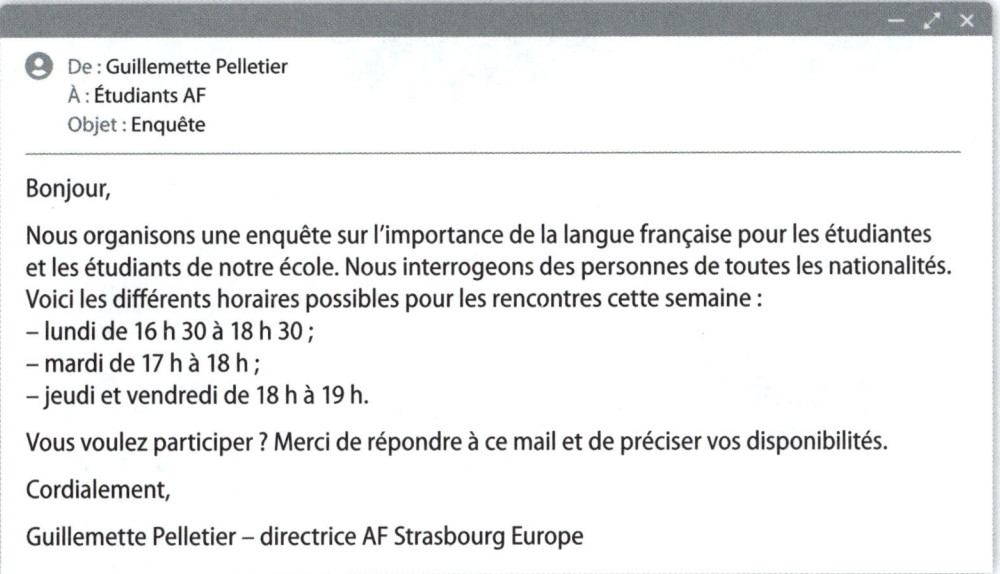

De : Guillemette Pelletier
À : Étudiants AF
Objet : Enquête

Bonjour,

Nous organisons une enquête sur l'importance de la langue française pour les étudiantes et les étudiants de notre école. Nous interrogeons des personnes de toutes les nationalités. Voici les différents horaires possibles pour les rencontres cette semaine :
– lundi de 16 h 30 à 18 h 30 ;
– mardi de 17 h à 18 h ;
– jeudi et vendredi de 18 h à 19 h.

Vous voulez participer ? Merci de répondre à ce mail et de préciser vos disponibilités.

Cordialement,

Guillemette Pelletier – directrice AF Strasbourg Europe

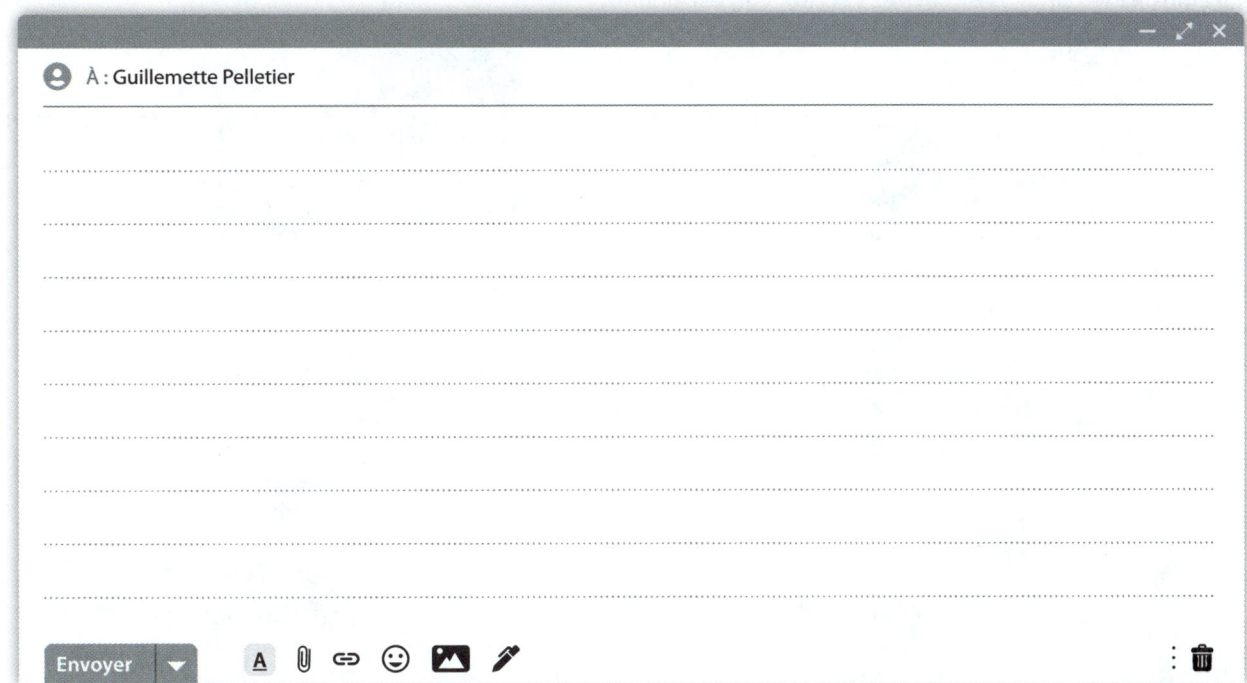

À : Guillemette Pelletier

# LEÇON 2 — Décrire ses habitudes

## Lexique

### Les actions de la vie quotidienne et les repas

**1** Pour quelles actions est-ce qu'on utilise les objets suivants ? Écrivez les verbes sous les photos.

*Ex. :* se laver (les mains)  a.  b.  c.

d.  e.  f.  g.

**2** Regardez les photos et cochez l'action correspondante.

☒ préparer le café
☐ se préparer

*Ex. :*

c.
☐ coucher les enfants
☐ se coucher

a.
☐ partir de la maison
☐ rentrer à la maison

d.
☐ prendre le petit déjeuner
☐ déjeuner

b.
☐ dîner
☐ goûter

e.
☐ lire une histoire
☐ lire le journal

## Dire l'heure (dans la conversation)

**3** Indiquez l'heure comme dans l'exemple.

Ex. : → cinq heures et demie

a. → ................

b. → ................

c. → ................

d. → ................

e. → ................

## Grammaire

### Les verbes pronominaux au présent

**4** Complétez avec *me / m'*, *te / t'*, *nous*, *vous* ou *se / s'* si nécessaire.

– Dans ta famille, quelle est la routine du matin les jours de semaine ?

– Je *me* lève la première et je ........ prépare le petit déjeuner pour la famille. Ensuite, je ........ réveille les enfants et nous ........ prenons le petit déjeuner ensemble. Puis mon mari ........ prépare et il ........ habille les enfants. Il ........ part de la maison après moi.

– Et le soir ? Vous ........ occupez de vos enfants tous les deux ?

– Le soir, mes parents ........ occupent des enfants : ils ........ dînent avec eux parce que mon mari et moi, nous ........ rentrons à la maison vers 20 heures.

Nous ........ couchons les enfants à 20 h 30. Ils ........ endorment en général vers 21 heures. Ensuite, je ........ douche et mon mari ........ prépare un dîner pour nous deux. Nous ........ dînons ensemble et nous ........ couchons vers 23 heures.

– Et le week-end ? Quel est ton rythme ?

Tu ........ lèves et tu ........ couches à quelle heure ?

– Le samedi matin, je prends le temps de ........ préparer : je ........ prends un bain, je ........ lave les cheveux. Mon mari et mes enfants ........ réveillent tôt et ils ........ font du sport. Le samedi soir, avec mon mari, on ........ sort. Et le dimanche, tout le monde ........ dort jusqu'à 10 heures !

### Les expressions temporelles

**5** Entourez la proposition correcte.

Ex. : Voici les horaires des repas en France : (*le*) / *ce midi*, les gens déjeunent entre 12 heures et 14 heures et (*le*) / *ce soir*, ils dînent entre 19 heures et 21 heures.

a. En général, *le / ce* soir, j'aime bien me coucher tard, mais aujourd'hui je suis très fatigué : *ce / le* soir, je me couche tôt !

b. – Tu rentres à quelle heure *l' / cet* après-midi ?
– Je rentre tôt parce qu'aujourd'hui je n'ai pas de réunion.

c. D'habitude, *le / ce* matin, je pars de la maison à 7 h 30, mais *le / ce* matin, je n'ai pas de rendez-vous : je peux partir à 9 heures.

d. – Qu'est-ce que tu vas faire *le / ce* week-end ?
– Samedi soir, je vais dîner avec des amis et dimanche, je vais marcher.

e. – *Le / Ce* midi, tu déjeunes avec tes collègues, en général ?
– Oui, mais pas aujourd'hui. *Le / Ce* midi, je déjeune avec un ami.

## Les verbes *sortir, partir* et *dormir* au présent

**6** Conjuguez les verbes entre parenthèses au présent.

*Ex. : Les enfants **sortent** (sortir) de l'école vers 16 h 30.*

a. Tu ................................ (s'endormir) facilement le soir ?

b. Le samedi soir, nous ................................ (sortir) avec des amis, donc nous ................................ (dormir) tard le dimanche matin.

c. C'est l'heure de l'école ! Vous ne ................................ (partir) pas ?

d. Jeanne ................................ (partir) au travail à sept heures. Quand elle ................................ (sortir) de la maison, ses enfants et son mari ................................ (dormir) encore.

e. Maman, après mes devoirs, je ................................ (sortir) dans le jardin, d'accord ?

f. Allez, on lit une histoire et après, on ................................ (dormir) !

## Prononciation / Phonie-graphie

### L'heure : liaisons et enchaînements

**7** a. 🔊 27 Écoutez les heures. Cochez le son entendu : [z], [tr], [t], [v], [k] ou [n].

*Ex. : deux heures.*

|      | Ex. | 1 | 2 | 3 | 4 | 5 | 6 | 7 | 8 |
|------|-----|---|---|---|---|---|---|---|---|
| [z]  | ☒   | ☐ | ☐ | ☐ | ☐ | ☐ | ☐ | ☐ | ☐ |
| [tr] | ☐   | ☐ | ☐ | ☐ | ☐ | ☐ | ☐ | ☐ | ☐ |
| [t]  | ☐   | ☐ | ☐ | ☐ | ☐ | ☐ | ☐ | ☐ | ☐ |
| [v]  | ☐   | ☐ | ☐ | ☐ | ☐ | ☐ | ☐ | ☐ | ☐ |
| [k]  | ☐   | ☐ | ☐ | ☐ | ☐ | ☐ | ☐ | ☐ | ☐ |
| [n]  | ☐   | ☐ | ☐ | ☐ | ☐ | ☐ | ☐ | ☐ | ☐ |

b. 🔊 28 Écoutez et indiquez les liaisons avec ⌣. Puis répétez.

*Ex. : Il est vingt heures.*

1. Il est deux heures vingt-cinq.
2. Il est huit heures moins vingt.

c. 🔊 29 Écoutez et indiquez les enchaînements avec ⌢. Puis répétez.

*Ex. : Il est quatre heures.*

1. Il est une heure et demie.
2. Il est cinq heures et quart.

## Communication

### Dire l'heure (dans la conversation)

**8** a. Entourez les formulations pour dire l'heure dans la conversation.

- Il est neuf heures et demie. *(entouré)*
- Il est vingt heures.
- Il est sept heures et quart.
- Il est neuf heures moins cinq.
- Il est douze heures trente-cinq.
- Il est dix-huit heures quarante-cinq.
- Il est midi dix.
- Il est vingt-deux heures trente.

b. Reformulez les autres heures (non entourées) pour la conversation.

*Ex. : Il est vingt heures. → Il est huit heures (du soir).*

..................................................................................................................................

..................................................................................................................................

### Exprimer la régularité

**9** 🔊 30 **Écoutez et complétez le tableau.**

| La personne exprime une régularité. | La personne parle d'un moment spécifique. |
|---|---|
| a, .................................................. | .................................................. |

## Comprendre – S'exprimer

**10** Vrai ou faux ? Lisez et cochez.

### Une journée avec Joséphine Meaule, actrice

**ELLE**

« Je me lève vers sept heures et je prends un verre d'eau. J'arrive dans la salle de bain, je me regarde dans le miroir et souvent, je ne suis pas contente de ma tête et de mes cheveux ! Je me lave les cheveux puis je prends le petit déjeuner. Trois fois par semaine, je vais à mon cours de pilates, à neuf heures. Ensuite, je rentre chez moi et je travaille sur les scénarios et les projets du moment.
À l'heure du déjeuner, je retrouve en général une amie et on va au resto japonais. Quand je suis seule, je prépare des pâtes et devant mon assiette, je pense à ma vie. Après une petite sieste, je travaille : je continue l'écriture de mon film ou je rencontre d'autres acteurs pour préparer une pièce de théâtre.
À dix-sept heures, je vais à mon cours de boxe, jusqu'à dix-huit heures trente. Après, je vais au bar avec des amis boxeurs ou j'invite des gens à dîner.
Je m'endors vers minuit. »

D'après *Elle*

a. Joséphine parle de son emploi du temps habituel. ☐ Vrai ☐ Faux
b. Elle travaille pour le cinéma. ☐ Vrai ☐ Faux
c. Elle se réveille tard tous les matins. ☐ Vrai ☐ Faux
d. Sa journée commence par le petit déjeuner. ☐ Vrai ☐ Faux
e. Elle prend le repas de midi chez elle tous les jours. ☐ Vrai ☐ Faux
f. Joséphine fait du sport. ☐ Vrai ☐ Faux
g. Elle dîne seule tous les soirs. ☐ Vrai ☐ Faux
h. Le soir, elle se couche très tôt. ☐ Vrai ☐ Faux

**11** Racontez votre journée habituelle pour le magazine *Elle*. Donnez des précisions sur vos activités, les horaires des repas, du lever et du coucher, etc.

### Une journée avec ..................................................

« Le matin, ..................................................

»

# LEÇON 3 — Formuler des règles

## Lexique

### La vie collective

**1** Complétez les mots avec les lettres manquantes.

> Voici les r_ _ _ _s de notre colocation.
>
> ☑ Tu dois *en l e v er* tes chaussures quand tu entres dans l'appartement.
>
> ☑ Il faut p_ _ _r le l_ _ _r le dernier jour du mois et p_ _ _ _ _ _ _ _r aux tâches m_ _ _ _ _ _s.
>
> ☑ C'est important de r_ _ _ _ _ _ _r les autres et il ne faut pas utiliser leurs a_ _ _ _ _ _s.
>
> ☑ On doit avoir le s_ _ _ _ _e, se d_ _e *bonjour* et *au revoir* et se p_ _ _ _r : c'est important pour la convivialité !

### Les tâches ménagères

**2** Mettez les mots soulignés à la place correcte pour retrouver les tâches ménagères.

a. <u>ranger</u> le ménage → *faire* le ménage

b. <u>passer</u> les courses → ...............................

c. <u>arroser</u> les poubelles → ...............................

d. <u>faire</u> l'aspirateur → ...............................

e. <u>sortir</u> la salle de bain → ...............................

f. <u>faire</u> ses affaires → ...............................

g. <u>nettoyer</u> les plantes → ...............................

**3** Écrivez les tâches ménagères sous les photos. Utilisez le verbe *faire*.

Ex. : *faire les courses*

a. ...............................

b. ...............................

c. ...............................

d. ...............................

e. ...............................

# Grammaire

## Exprimer l'obligation / l'interdiction

**4** À partir des obligations et interdictions suivantes, écrivez le règlement à l'infinitif.

- On doit enlever ses chaussures dans l'appartement.
- Il ne faut pas prendre les affaires des autres.
- On ne doit pas écouter de musique après 22 heures.
- On n'a pas le droit d'organiser des fêtes avec d'autres personnes.
- Il faut respecter le planning d'utilisation de la salle de bain.
- Il ne faut pas oublier de sortir les poubelles.

**Règles à respecter dans la colocation**

*Enlever ses chaussures dans l'appartement.*

..................................................................

..................................................................

..................................................................

..................................................................

..................................................................

..................................................................

..................................................................

..................................................................

## Le verbe *devoir* au présent

**5** Complétez avec le verbe *devoir* conjugué au présent.

Ex. : Elle **doit** faire ses devoirs avant le repas.

a. Les enfants, avant de jouer dans le jardin, vous ............................... ranger votre chambre.

b. Nous ............................... préparer un bon dîner, nous avons des invités ce soir.

c. On ............................... respecter des règles pour bien vivre ensemble.

d. Les habitants de l'immeuble ne ............................... pas laisser leurs vélos dans le hall d'entrée.

e. Aujourd'hui, c'est le 31 mars : tu ............................... payer ton loyer.

f. Pour les tâches ménagères, qu'est-ce que je ............................... faire aujourd'hui ?

## Expressions temporelles : la fréquence et la régularité

**6** Entourez la ou les proposition(s) correcte(s).

Ex. : *Chaque* / Tous les / *Le* week-end, nous invitons des amis à dîner.

a. *Une fois par* / *Tous les* / *Le* samedi, c'est le jour des courses !

b. Nous faisons la vaisselle *tous les* / *chaque* / *une fois par* jours.

c. On nettoie la salle de bain *toutes les* / *combien de fois par* / *chaque* semaine ?

d. Nous venons de faire le ménage *toute la* / *tout le* / *chaque* matinée : de 9 heures à midi !

e. *Chaque* / *Les* / *Une fois par* matin, je me lève le premier et je prépare le café pour mes colocs.

f. Nous payons le loyer *tous les* / *chaque* / *le* mois.

# Communication

## Exprimer l'obligation / l'interdiction

**7** **a.** Qui exprime <u>une obligation</u> ? <u>une interdiction</u> ? <u>une autorisation</u> ? Soulignez avec la bonne couleur.

Ex. : <u>Nous n'avons pas le droit de faire la lessive le soir.</u>

1. Il ne faut pas utiliser l'argent des courses pour des achats personnels.

2. Tout le monde doit participer aux tâches ménagères.

3. Il faut faire la vaisselle après chaque repas.

4. On ne doit pas entrer avec un animal dans notre hôtel !

5. Tu ne peux pas entrer dans la salle de bain : papa prend une douche !

6. Nous pouvons inviter des amis quand nous voulons.

7. Vous devez payer le loyer le 5 de chaque mois.

8. Tu as le droit d'utiliser mon ordinateur.

**b.** Reformulez chaque règle d'une autre manière. (Plusieurs formulations possibles.)

Ex. : Nous n'avons pas le droit de faire la lessive le soir. → Nous ne devons pas faire la lessive le soir. / Il ne faut pas faire la lessive le soir.

1. ...........................................................................................................................................
2. ...........................................................................................................................................
3. ...........................................................................................................................................
4. ...........................................................................................................................................
5. ...........................................................................................................................................
6. ...........................................................................................................................................
7. ...........................................................................................................................................
8. ...........................................................................................................................................

## Exprimer la fréquence, la régularité

**8** Associez les questions et les réponses.

a. Vous faites la lessive trois fois par semaine ?
b. Vous organisez des fêtes combien de fois par mois ?
c. On fait la vaisselle deux fois par jour ?
d. Tu travailles toute la journée ?
e. Vous sortez les poubelles tous les soirs ?
f. Tu nettoies la douche tous les matins ?

1. Oui, de 9 heures à 17 heures.
2. Oui, le midi et le soir.
3. Oui, tous les mardis, jeudis et samedis.
4. Non, deux soirs par semaine : le mercredi et le samedi.
5. Deux samedis soir par mois.
6. Oui, chaque matin.

# Comprendre – S'exprimer

**9.** 🔊 31 **Écoutez cet épisode de podcast, puis cochez les règles de vie à respecter dans la famille de Peter.**

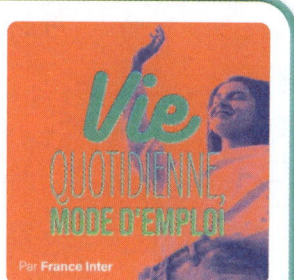

### Les règles de vie à la maison
☐ Ne pas oublier de dire *bonjour*, *au revoir* et *merci*.
☐ Ranger sa chambre une fois par semaine.
☐ Faire ses devoirs avec le sourire.
☐ Utiliser un casque pour écouter de la musique.
☐ Ne pas utiliser son téléphone pendant les repas.
☐ Ne pas laisser son téléphone dans sa chambre quand on va se coucher.
☐ Respecter le planning des tâches ménagères.
☐ Ne pas se lever après 10 heures le week-end.
☐ Demander l'autorisation pour sortir.
☐ Ne pas entrer dans la maison avec ses chaussures.
☐ Nettoyer la douche après utilisation.

**10.** **Vous témoignez pour le blog Mediapart sur vos règles de vie à la maison. Lisez l'appel à témoignages et répondez.**

APPEL À TÉMOIGNAGES

**Des règles de vie à la maison ? Témoignez !**

Vous vivez seul(e) ? en famille ? avec un(e) ou des colocataires ?
Quelles sont les règles de vie à respecter chez vous, par vous-même, vos colocataires ou les membres de votre famille ? Racontez.

D'après *mediapart.fr*

# BILAN

## Compétences linguistiques  .../50

**1** Conjuguez les verbes entre parenthèses au présent. *(1 point par réponse correcte)*  .../15

a. – Tu ..................... (vouloir) dîner avec nous ?
– Non, je ne ..................... (pouvoir) pas, je ..................... (devoir) rentrer.

b. – Vous ..................... (se coucher) tôt le soir ?
– Non, vers 23 heures. Et on ..................... (s'endormir) vers minuit.

c. – Vous ..................... (sortir) ?
– Oui, nous ..................... (partir) au travail.

d. – Julie et Marc ne ..................... (pouvoir) pas venir. Qu'est-ce qu'on fait ?
– Nous ..................... (déplacer) le rendez-vous.

e. – Nous ..................... (vouloir) participer aux tâches ménagères. Comment il faut faire ?
– Vous ..................... (devoir) écrire votre nom sur le planning.

f. – Tu ..................... (partir) à quelle heure de la maison ?
– À 7 heures. Mon mari et mes enfants ..................... (dormir) encore.

g. – Les enfants ..................... (se lever) à 7 heures, demain ?
– Oui, ils ..................... (devoir) se coucher tôt ce soir !

**2** Complétez le texte avec les mots suivants. *(1 point par réponse correcte)*  .../13

vers | jusqu'à | à *(3 fois)* | de | cet | le | tous *(2 fois)* | chaque | toute | par

### Le rythme de travail de Ludmila, 42 ans.

..................... jour, je commence à travailler ..................... 9 heures. ..................... les lundis matin, nous avons une réunion ..................... 9 heures ..................... 10 heures. ..................... soir, je travaille ..................... 18 heures. En général, je prends ma pause déjeuner ..................... 12 h 15 / 12 h 30. Aujourd'hui, c'est jeudi, je travaille ..................... la journée et ..................... après-midi, je termine plus tôt : j'ai un cours de yoga ..................... 17 h 30. En général, une fois ..................... semaine, je télétravaille, mais cette semaine, c'est spécial, je vais au bureau ..................... les jours.

**3** Classez les phrases dans le tableau. *(1 point par réponse correcte)*  .../8

a. Mardi à 9 heures, je peux venir.
b. Dans notre colocation, nous pouvons inviter des gens.
c. Il faut nettoyer la douche après chaque utilisation !
d. On n'a pas le droit d'entrer avec des chaussures.
e. Maëlle ne peut pas, elle n'est pas libre.
f. Les enfants ne peuvent pas jouer avant de faire leurs devoirs, c'est la règle !
g. On doit sortir les poubelles le mardi et le samedi.
h. Nous pouvons travailler à distance, l'entreprise est d'accord.

| | |
|---|---|
| Obligation | ..................... |
| Interdiction | ..................... |
| Autorisation | ..................... |
| Disponibilité | ..................... |
| Indisponibilité | ..................... |

**4** 🔊 32 **Écoutez et associez chaque témoignage à la photo correspondante. Puis écrivez l'heure de chaque action en chiffres.** *(1 point par association correcte et 1 point par heure correcte)* .../14

1. Photo f → 17 h 20
2. Photo ...... → ......
3. Photo ...... → ......
4. Photo ...... → ......
5. Photo ...... → ......
6. Photo ...... → ......
7. Photo ...... → ......
8. Photo ...... → ......

a.  b.  c.  d.  e.  f.  g.  h.

## Compétences **socioculturelles** .../10

**1** a. **Quels sont les horaires habituels des repas en France ? Associez.** *(0,5 point par réponse correcte)* .../2

1. le petit déjeuner •  • a. 12:00 – 14:00
2. le déjeuner •  • b. 19:00 – 21:00
3. le goûter •  • c. 06:00 – 09:00
4. le dîner •  • d. 16:00 – 17:00

b. **Quel repas concerne en particulier les enfants ?** ...... .../1

**2** **Entourez les heures dites dans une situation de conversation.** *(0,5 point par réponse correcte)* .../2

Minuit et quart.  De vingt heures quinze à vingt heures quarante-cinq.  Midi moins dix.

Vingt heures quarante.  Onze heures du soir.  Quatre heures et demie du matin.

**3** **Vrai ou faux ? Cochez.** *(1 point par réponse correcte)* .../5

En général, en France :
a. le prix des logements est modéré.  ☐ Vrai ☐ Faux
b. la colocation concerne seulement les étudiants.  ☐ Vrai ☐ Faux
c. beaucoup de personnes âgées vivent seules.  ☐ Vrai ☐ Faux
d. les gens commencent à travailler le matin avant 8 heures.  ☐ Vrai ☐ Faux
e. les gens rentrent du travail entre 17 heures et 19 heures.  ☐ Vrai ☐ Faux

Résultats .../60

Dossier 5 | Bilan

# LEÇON 1 — (S')Informer avant un voyage

## Lexique

### Parler de la météo / du climat et des saisons

**1** Associez chaque photo au mot correspondant.

le vent • la pluie • l'orage • le temps froid • le soleil • le temps chaud • la neige

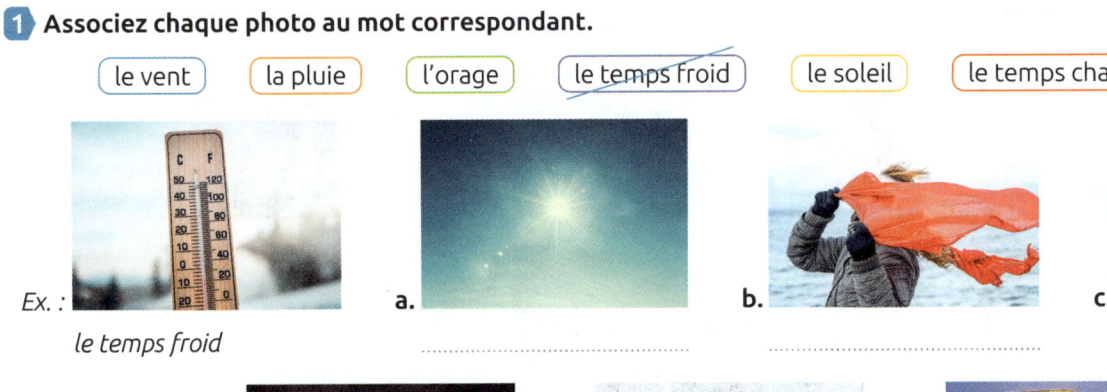

Ex. : le temps froid
a. ....................
b. ....................
c. ....................
d. ....................
e. ....................
f. ....................

**2** Écrivez le nom de la saison en France sous chaque photo.

a. ....................

b. ....................

c. ....................

d. ....................

### Les vêtements et les accessoires

**3** Complétez les noms des vêtements et des accessoires correspondant aux parties du corps.

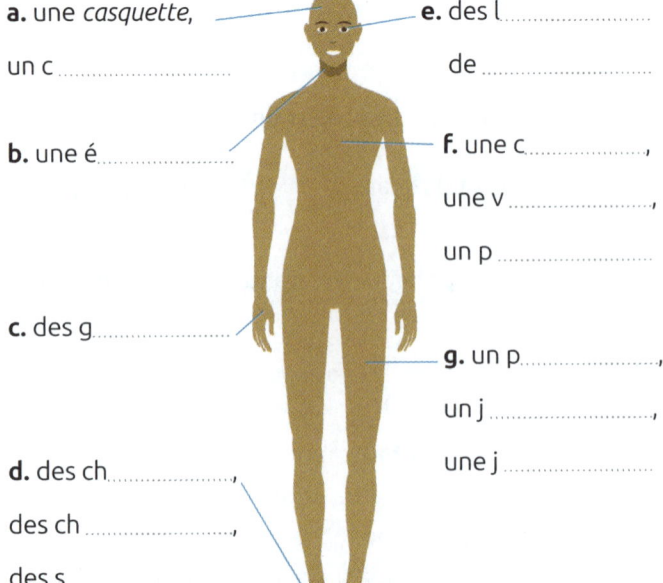

a. une *casquette*, un c ....................

b. une é ....................

c. des g ....................

d. des ch ...................., des ch ...................., des s ....................

e. des l ...................., de ....................

f. une c ...................., une v ...................., un p ....................

g. un p ...................., un j ...................., une j ....................

74 | soixante-quatorze

# Grammaire

## Les prépositions pour situer géographiquement / indiquer la saison

**4** Entourez la proposition correcte.

a. Marseille est *à / en /(dans)* le sud de la France : il fait très chaud *au / en / à* été.

b. Annecy est une belle ville *dans / en / à* une région montagneuse, *dans le / au / en* sud de Genève.

c. On peut faire des promenades *entre le / au bord du / au* lac et du ski *en / au / dans* hiver.

d. Nice est *à / dans le / au* sud de la France, *à / en / au bord de* la mer Méditerranée.

e. La température est très agréable *au / à / en* printemps et *au / à / en* automne.

f. La ville d'Aix-les-Bains se trouve *entre / au bord de / dans* le massif des Beauges et le lac du Bourget *au / dans / à* nord de Chambéry.

## Il faut / Avoir besoin de

**5** Reformulez les phrases comme dans les exemples. Utilisez *il faut* ou *avoir besoin de*.

*Ex. : Avant de partir en vacances, c'est nécessaire de faire les valises.* → *Il faut faire les valises.*
*Il fait froid, une veste polaire est nécessaire pour toi.* → *Tu as besoin d'une veste polaire.*

a. Après dix mois de travail, les vacances sont nécessaires pour nous.

→ ...........................................................................................................................................................

b. Pour faire de la plongée, un matériel spécifique est nécessaire.

→ ...........................................................................................................................................................

c. Il y a beaucoup de soleil, c'est nécessaire pour moi d'emporter de la crème solaire.

→ ...........................................................................................................................................................

d. Il fait beau, l'imperméable n'est pas nécessaire.

→ ...........................................................................................................................................................

e. Pour les vacances, Jeanne a un sac à dos, une valise n'est pas nécessaire pour elle.

→ ...........................................................................................................................................................

f. Pour faire de la randonnée, c'est nécessaire d'avoir de bonnes chaussures.

→ ...........................................................................................................................................................

# Prononciation / Phonie-graphie

## Les sons [s] et [z]

**6** 🔊 33 Écoutez. Vous entendez deux mots identiques (=) ou différents (≠) ? Cochez.

*Ex. :* cousin – coussin

|   | Ex. | a | b | c | d | e | f | g | h |
|---|-----|---|---|---|---|---|---|---|---|
| = | ☐ | ☐ | ☐ | ☐ | ☐ | ☐ | ☐ | ☐ | ☐ |
| ≠ | ☒ | ☐ | ☐ | ☐ | ☐ | ☐ | ☐ | ☐ | ☐ |

# Communication

## Situer un lieu géographiquement

**7** Mettez les éléments dans l'ordre correct pour terminer les phrases.

a. dans – la France – de – l'océan Atlantique. – est située – au – bord – le sud-ouest – de

→ La ville de Biarritz *est située*

b. les – Pays-Bas. – entre – est – la – France – et

→ La Belgique

c. sud – Pays-Bas. – et – au – nord – est située – des – la France – de – au

→ La Belgique

d. sous – est – la France – entre – l'Angleterre. – un tunnel – et – la mer

→ L'Eurotunnel

e. l'Europe – à – est situé – de – le sud – l'Espagne. – de – l'ouest – dans

→ Le Portugal

## Parler de la météo / du climat et des saisons

**8** Associez pour former des phrases.

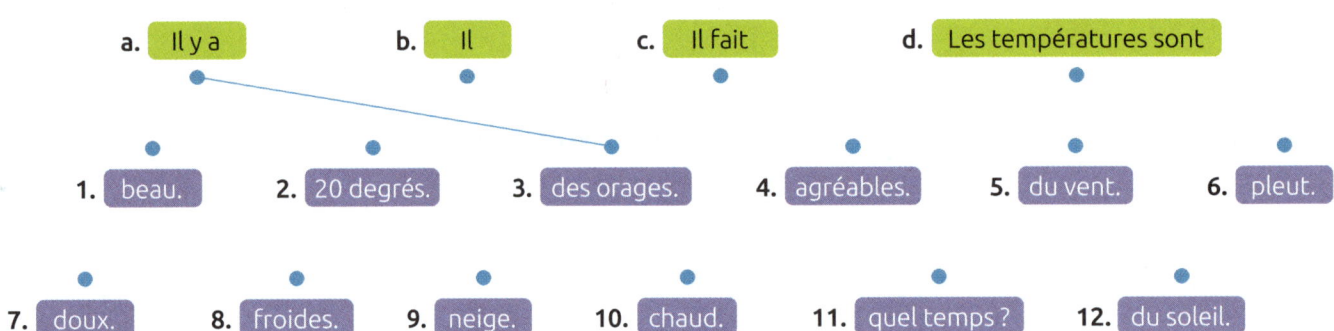

a. Il y a    b. Il    c. Il fait    d. Les températures sont

1. beau.  2. 20 degrés.  3. des orages.  4. agréables.  5. du vent.  6. pleut.

7. doux.  8. froides.  9. neige.  10. chaud.  11. quel temps ?  12. du soleil.

## Exprimer une nécessité

**9** Associez chaque situation à l'objet correspondant. Puis exprimez la nécessité comme dans l'exemple.

1.   2.   3.   4.   5.   6.   7.

*Ex. : Il fait très froid à la montagne en hiver. → photo 1 → Il faut une doudoune.*

a. Je vais au bord de la mer. → photo ...... →

b. En Suisse, on fait beaucoup de marche en montagne. → photo ...... →

c. Il fait très froid : attention à tes mains sur les pistes de ski ! → photo ...... →

d. Il y a du vent, les enfants jouent dehors. → photo ...... →

e. En été, dans le sud de la France, il y a beaucoup de soleil. → photo ...... →

f. Vous partez en voyage ? → photo ...... →

## Comprendre – S'exprimer

**10** 🔊 34 **Écoutez le bulletin météo. Pour chaque information, choisissez parmi les pictos suivants et dessinez le symbole à la place correcte sur la carte. Puis écrivez les températures pour les villes citées.**

**11** **Répondez au mail de Faustine : donnez à votre amie des précisions sur la météo actuelle, sur les vêtements ou accessoires nécessaires pour son séjour chez vous.**

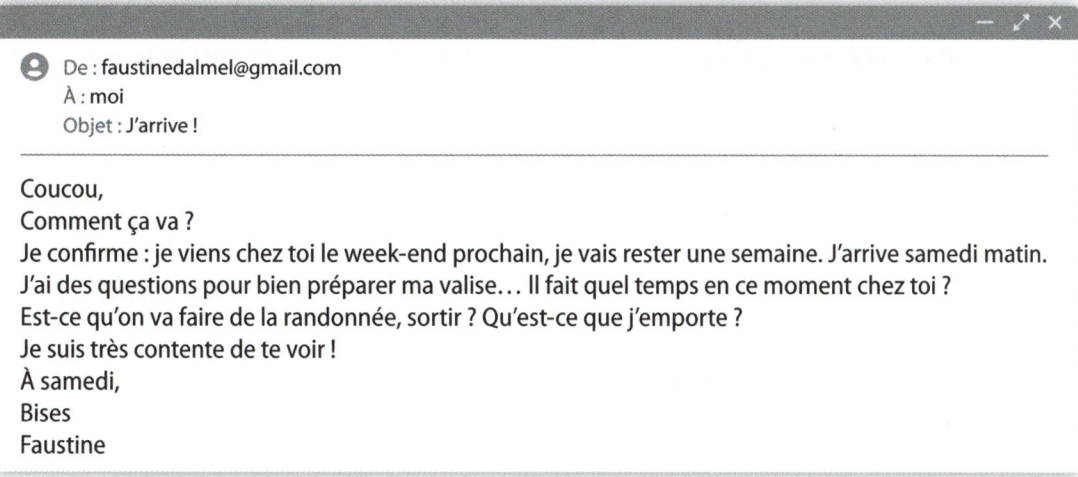

De : faustinedalmel@gmail.com
À : moi
Objet : J'arrive !

Coucou,
Comment ça va ?
Je confirme : je viens chez toi le week-end prochain, je vais rester une semaine. J'arrive samedi matin.
J'ai des questions pour bien préparer ma valise… Il fait quel temps en ce moment chez toi ?
Est-ce qu'on va faire de la randonnée, sortir ? Qu'est-ce que j'emporte ?
Je suis très contente de te voir !
À samedi,
Bises
Faustine

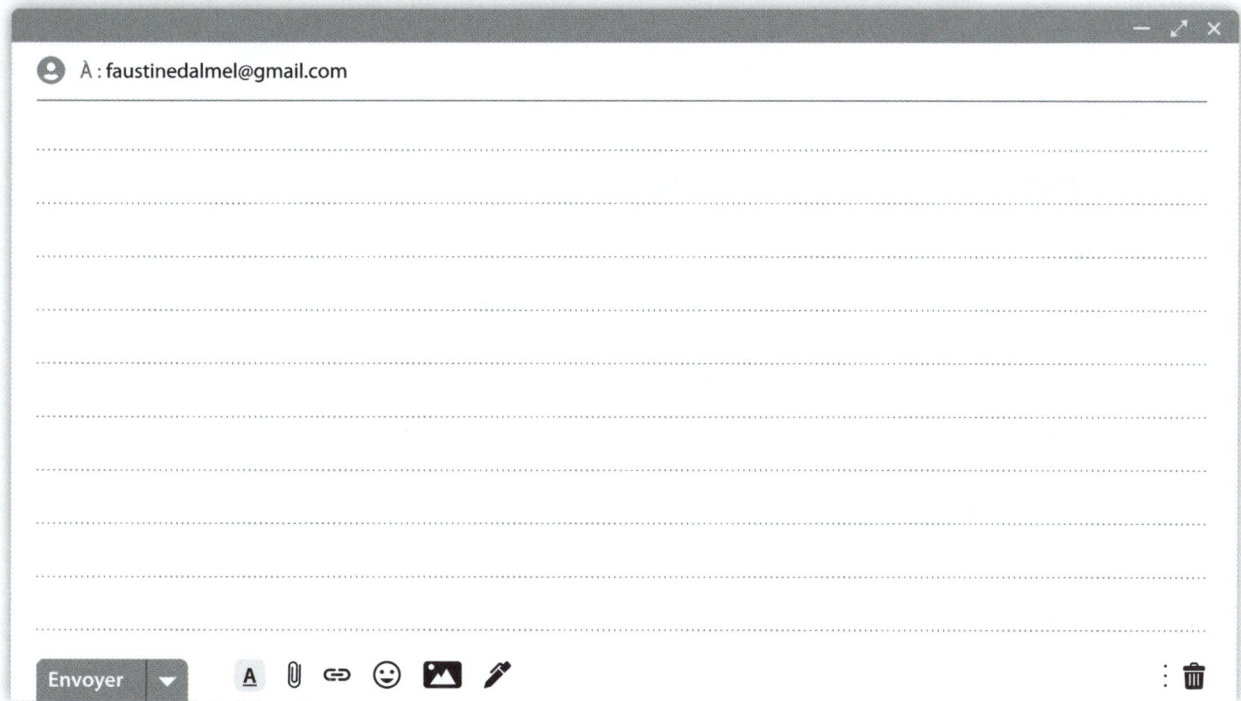

À : faustinedalmel@gmail.com

# LEÇON 2 — Donner des informations touristiques

## Lexique

### Les lieux touristiques et leurs caractéristiques

**1** Complétez les noms des lieux puis associez les photos au(x) type(s) de site correspondant.

Le c............................... de Chambord

Le p............................... régional des volcans d'Auvergne

La g............................... Chauvet

Le v............................... de Pérouges

- un site naturel
- un site préhistorique
- un site historique
- un site médiéval

**2 a.** Reconstituez quatre mots pour donner une appréciation sur un lieu.

1. BEPERSU → ...............................
2. CEPNELTIONEX → ...............................
3. QUEGIMA → ...............................
4. NACONINBLETOUR → ...............................

**b.** Reformulez les appréciations avec les mots de l'activité 2a.

1. C'est une expérience merveilleuse ! → ...............................

2. C'est un site à visiter absolument ! → ...............................

3. C'est un lieu extraordinaire ! → ...............................

4. C'est un très beau village ! → ...............................

## Les animations et les événements culturels

**3** Complétez la grille avec les noms des animations ou des événements culturels.

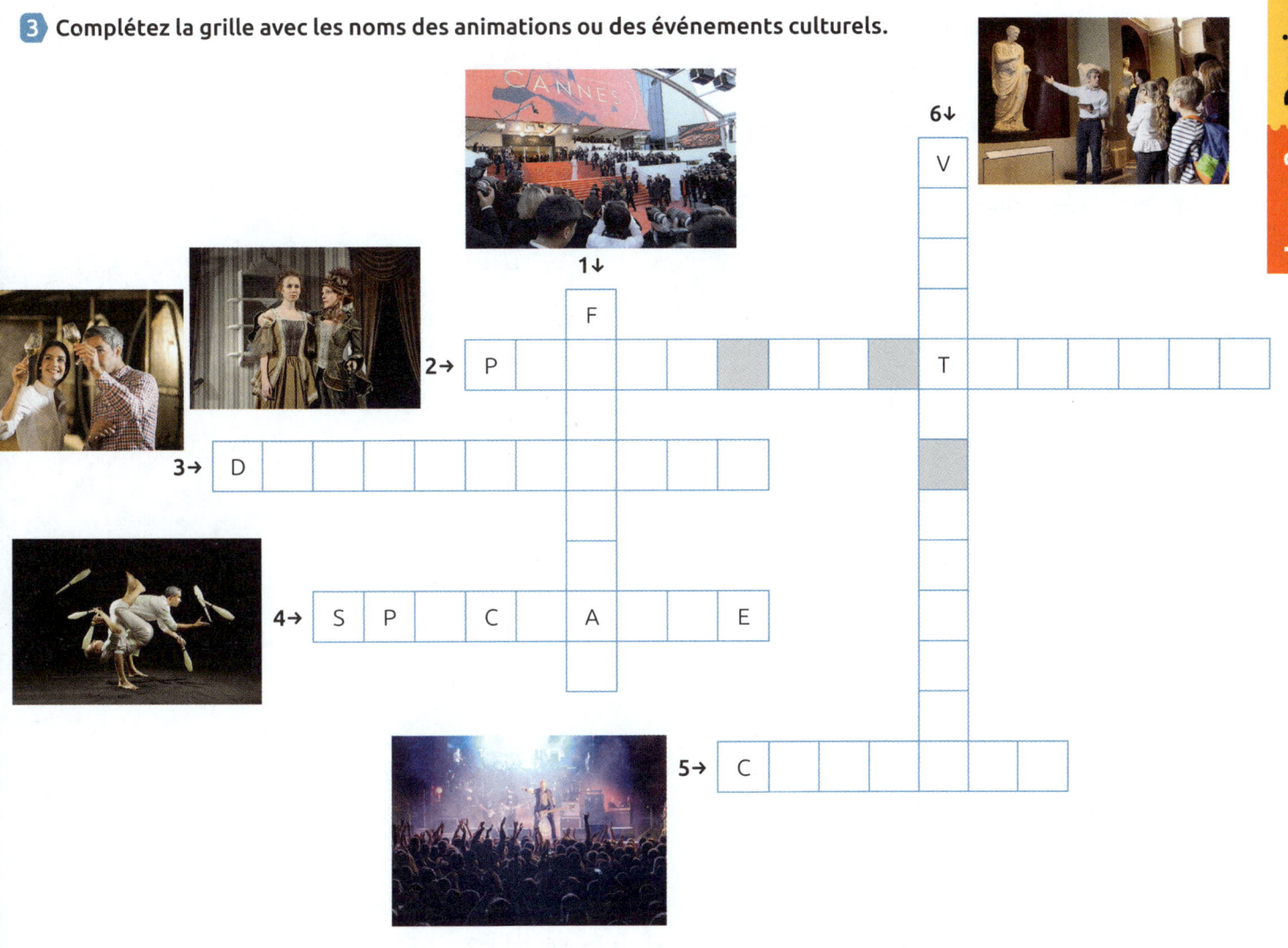

## Grammaire

### Le pronom *y*

**4** Réécrivez les phrases avec le pronom *y* pour supprimer les répétitions.

*Ex. : Visitez les grottes de Lascaux ! On découvre des peintures préhistoriques superbes dans ces grottes !*
→ *Visitez les grottes de Lascaux ! On **y** découvre des peintures préhistoriques superbes !*

**a.** La Dordogne est un beau département. Je veux aller en Dordogne !

→ ..................................................................................................................................................

**b.** C'est une ville intéressante pour la gastronomie. On déguste des spécialités locales dans cette ville.

→ ..................................................................................................................................................

**c.** On adore le sud de la France ! On passe nos vacances dans le sud de la France tous les étés !

→ ..................................................................................................................................................

**d.** Dans cette région, vous pouvez admirer de beaux paysages. Et vous pouvez découvrir un patrimoine historique exceptionnel dans cette région !

→ ..................................................................................................................................................

**e.** C'est un super concert, mais on ne va pas à ce concert parce qu'on n'est pas disponibles.

→ ..................................................................................................................................................

## Le pronom *on*

**5** **Réécrivez le dialogue avec le pronom *on* quand c'est possible.**

– Vous partez où en vacances cet été ?

– Nous partons dans les Alpes, au Grand-Bornand, pour faire de la rando.

– Sur le site du Grand-Bornand, ils suggèrent des super randonnées à faire.

– OK, nous allons regarder. Et vous, vous partez où ?

– Nous, nous allons à Rocamadour avec nos enfants.

– Magnifique ! C'est un lieu incontournable quand les gens visitent le Périgord !

– Oui, et les visiteurs peuvent y voir des grottes, des sites historiques…

– Nous, nous aimons bien visiter les châteaux du Périgord. Ils sont magnifiques !

– Vous partez où en vacances cet été ?

– *On part* ...........................................................

## Les verbes *choisir, finir, découvrir* et *offrir* au présent

**6** **Complétez les verbes au présent.**

*Ex. : Vous chois**issez** quelle destination pour vos vacances ?*

**a.** Ce village offr............ une superbe vue sur la vallée.

**b.** Elles fin............ la visite et ensuite, elles viennent faire la balade avec nous ?

**c.** Dans cette région, les touristes découvr............ de nombreuses spécialités locales.

**d.** Je chois............ ce concert parce que j'aime le rock.

**e.** Nous offr............ une dégustation de fromages de la région.

**f.** Avec cette exposition, vous découvr............ la vie au Moyen Âge.

## L'impératif

**7** **Reformulez les phrases pour exprimer des suggestions. Utilisez l'impératif.**

*Ex. : Tu choisis cette exposition, elle est super ! → Choisis cette exposition, elle est super !*

**a.** Nous faisons la visite guidée du château. → ...........................

**b.** Vous partez en vacances à la montagne. → ...........................

**c.** Tu vas au festival : il est très célèbre. → ...........................

**d.** Vous venez au spectacle de danse. → ...........................

**e.** Tu participes aux animations. → ...........................

**f.** Nous invitons nos amis à une dégustation de produits locaux. → ...........................

**g.** Tu découvres le patrimoine historique de la région. → ...........................

## Communication

### Suggérer une visite, une activité

**8** À partir de la brochure suivante, faites des suggestions de visite à un ami. (Plusieurs formulations possibles.)

**5 choses à faire en Auvergne**
1. Monter sur le puy de Dôme par le chemin des Muletiers.
2. Aller à Clermont-Ferrand et visiter la cathédrale.
3. Faire la visite du volcan de Lemptégy en petit train.
4. Prendre le téléphérique du puy de Sancy.
5. Découvrir la jolie ville de Vichy.

→ .................................................
→ .................................................
→ .................................................
→ .................................................
→ .................................................

## Comprendre – S'exprimer

**9** Lisez l'article du site *Voyage Tips*. Cochez la ou les bonne(s) réponse(s).

| VOYAGE TIPS | DESTINATIONS ⌄ | CIRCUITS ⌄ | CONTACT | ORGANISER UN VOYAGE | LOCATION DE VOITURE |

**Que faire sur la Côte d'Azur ?**

Visiter la Côte d'Azur, c'est découvrir l'un des plus beaux endroits du sud-est de la France.
Célèbre pour ses villes comme Nice, Antibes, Monaco et Cannes, ses petits villages de l'arrière-pays, son bord de mer et son climat doux, c'est la destination idéale pour les amoureux du soleil.

**Visiter la Côte d'Azur : les incontournables**

Vous aimez la mer et les baignades ? Prenez le bateau pour les îles de Lérins au départ de Cannes. Vous pouvez aussi faire une randonnée sous-marine (*snorkeling*) à Fréjus. Et bien sûr, profitez des nombreuses plages de la côte !
Vous êtes amateur de quartiers historiques ou de jolis villages ? Faites les visites guidées proposées dans le Vieux-Nice, le Vieil Antibes, ou allez à Saint-Paul-de-Vence pour admirer la vue sur les Préalpes…
Et enfin, n'oubliez pas de découvrir la ville du très célèbre festival de cinéma : montez les marches du palais des Festivals à Cannes et marchez sur la célèbre Croisette, au bord de la mer.

**a.** La Côte d'Azur est située dans ☐ le sud-est ☐ le sud-ouest ☐ l'est de la France.
**b.** Sur la Côte d'Azur, en général, ☐ il pleut ☐ il fait beau ☐ il fait froid.
**c.** Sur la Côte d'Azur, on peut ☐ aller à la plage ☐ faire des randonnées en montagne ☐ faire des activités sportives.
**d.** Antibes et Nice sont ☐ des plages ☐ des sites naturels ☐ des villes avec un quartier historique.
**e.** Les gens vont à Cannes pour ☐ le festival de cinéma ☐ prendre le bateau pour visiter des îles ☐ voir le patrimoine.
**f.** La Croisette est ☐ une plage ☐ un quartier ☐ un lieu de promenade à Cannes.

**10** Contribuez au site *Voyage Tips*. Proposez un article pour présenter les incontournables de votre région.

*Que faire à* ............................................. ?

Visiter ........................................., c'est découvrir .........................................
.................................................................................................
.................................................................................................
.................................................................................................
.................................................................................................

# LEÇON 3 — Raconter une expérience

## Lexique

### Les activités de plein air

**1** 🔊 35 Écoutez et associez chaque situation à l'activité correspondante.

a. l'accrobranche → situation ............
b. le parapente → situation ............
c. une balade à cheval → situation ............
d. le canoë-kayak → situation ............
e. la course d'orientation → situation *1*
f. la spéléologie → situation ............
g. la pêche sportive → situation ............
h. la plongée → situation ............
i. le saut à l'élastique → situation ............

**2** Écrivez le verbe ou le nom correspondant.

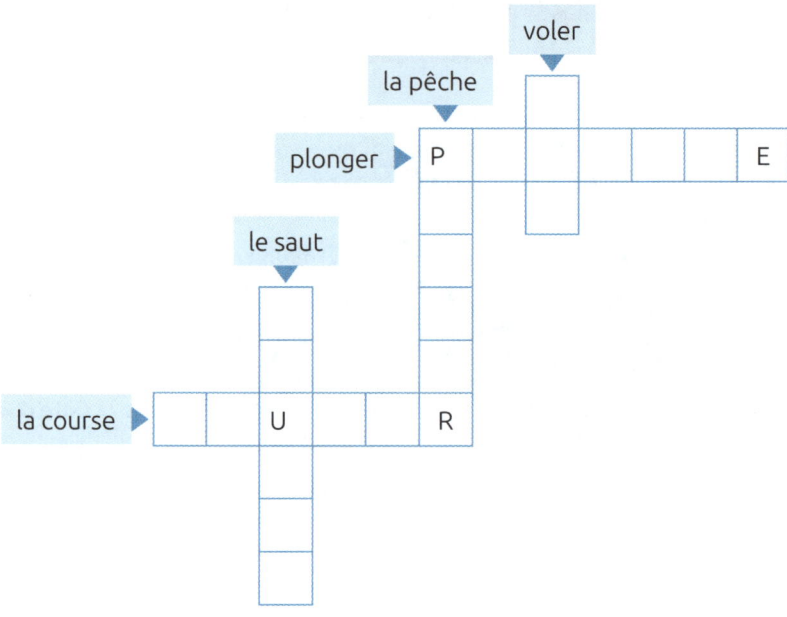

Mots-indices : voler, la pêche, plonger (P...E), le saut, la course (..U..R.)

### Les indicateurs temporels

**3** Remplacez les mots entre parenthèses par les indicateurs temporels suivants.

hier – avant-hier – la semaine dernière – le mois dernier

> Vendredi 22 avril
>
> (Jeudi) ......................, j'ai vécu une expérience unique : j'ai sauté à l'élastique pour la première fois de ma vie ! C'est un cadeau de mes amis, ils m'ont offert ça (en mars) ...................... pour mon anniversaire. J'ai réservé l'activité (entre le 11 et le 15 avril) ......................
> mais (mercredi 20) ......................,
> j'ai eu peur de sauter dans le vide et j'ai voulu annuler… Finalement, après des encouragements de mes amis, j'ai osé !
> Je suis très contente de mon expérience !

# Grammaire

## Le passé composé

**4** Associez pour former des phrases correctes. (Plusieurs possibilités.)

a. Nous sommes
b. Joël a
c. Hélène et Florence sont
d. Ta mère est
e. J'ai
f. On est
g. Vous avez
h. Mon frère est
i. Mes amis sont

1. partie en vacances à la mer.
2. allés à la montagne.
3. venu avec nous le week-end dernier.
4. descendues à dix mètres de profondeur.
5. choisi cette activité.
6. trouvé ça super !

**5** Complétez avec les participes passés des verbes suivants. Faites les accords nécessaires.

adorer — revenir — prendre — voir — avoir — pouvoir — ~~finir~~ — vivre — faire — être — vouloir — partir — arriver — tomber

a. On a *fini* notre course d'orientation et on est ................. les premiers !
b. J'ai ................. le bateau et je suis ................. en mer pour pêcher.
c. Elles sont ................. très contentes de leur expérience : elles ont ................. un moment magique !
d. Elle a ................. déçue de cette activité, elle n'a pas ................. revivre l'expérience !
e. Nous avons ................. plonger, mais nous n'avons pas ................. beaucoup de poissons !
f. Mon amie n'a pas ................. venir avec nous parce qu'elle est ................. de cheval.
g. Vous avez ................. peur quand vous avez ................. le saut à l'élastique ?

## Faire une appréciation

**6** Complétez les dialogues avec *ce*, *cette* ou *ça*.

a. *Ce* week-end a été super ! Je suis allé faire du canoë avec des amis.

Tu as aimé ................. activité ?

Oui, j'ai adoré ................. ! Et toi ? Qu'est-ce que tu as fait ?

Moi, j'ai fait de l'escalade. J'aime ................. sport, mais j'ai trouvé ................. difficile au début.

b. On va où en vacances ? Sur la Côte d'Azur ?

Ah non, je n'aime pas ................. région en été : il y a beaucoup de monde, je déteste ................. !

# Prononciation / Phonie-graphie

## Les sons [e] et [ə]

**7** 🔊 36 **Écoutez et cochez la phrase entendue.**

*Ex. :* ☒ *Je fais une visite.* ☐ *J'ai fait une visite.*

a. ☐ J'ai aimé l'activité. ☐ J'aime l'activité.
b. ☐ Je finis le tour. ☐ J'ai fini le tour.
c. ☐ On y a tourné des films. ☐ On y tourne des films.
d. ☐ J'ai adoré ces sites. ☐ J'adore ces sites.
e. ☐ Elle a fait du canoë. ☐ Elle fait du canoë.
f. ☐ Il a expliqué le fonctionnement. ☐ Il explique le fonctionnement.
g. ☐ J'ai choisi le saut à l'élastique. ☐ Je choisis le saut à l'élastique.

**8** 🔊 37 **Écoutez. Soulignez *j'ai*, *je* ou *j'* puis ajoutez l'accent sur le participe passé quand c'est nécessaire.**

*Ex. : (j'ai ou je / j') aim**é***

a. (j'ai ou je) nage
b. (j'ai ou je) réalise
c. (j'ai ou je) trouve
d. (j'ai ou je / j') explique
e. (j'ai ou je) plonge
f. (j'ai ou je) filme
g. (j'ai ou je / j') adore
h. (j'ai ou je) déteste

# Communication

## Exprimer un ressenti

**9** **Exprimez le ressenti correspondant à chaque photo. Utilisez *avoir envie / peur de*.**

a. Il a ..................................................

b. Il ....................................................

c. Elle n' .............................................

d. Il ....................................................

e. Ils ..................................................

## Faire une appréciation

**10** Reconstituez chaque appréciation puis cochez la case correspondante.

|   | Appréciation positive | Appréciation négative |
|---|---|---|
| Ex. : ai – ça – détesté – J' → *J'ai détesté ça !* | ☐ | ☒ |
| **a.** ça – super – nous – trouvé – avons | ☐ | ☐ |
| **b.** de – j' – déçu – ai – vol – mon – été – en parapente | ☐ | ☐ |
| **c.** satisfaits – été – on – notre – de – expérience – très – a | ☐ | ☐ |
| **d.** ai – un – j' – difficile – moment – vécu | ☐ | ☐ |
| **e.** première – je – ma – revenue – de – contente – plongée – suis | ☐ | ☐ |

## Comprendre – S'exprimer

**11** 🔊 38 **Écoutez et cochez la proposition correcte.**
a. Aujourd'hui, c'est ☐ vendredi ☐ samedi ☐ lundi.
b. Benjamin raconte ☐ un séjour sportif ☐ un voyage ☐ des vacances.
c. Benjamin a fait ☐ une activité ☐ deux activités ☐ trois activités dans les airs.
d. Il ☐ n'a pas eu peur ☐ a eu peur pour deux activités ☐ a eu peur pour toutes les activités.
e. Benjamin a une opinion ☐ positive ☐ négative ☐ mitigée sur les professionnels de Cap Adrénaline.
f. Il a aimé ☐ deux activités ☐ une activité ☐ toutes les activités.

**12** Racontez, dans un journal de voyage, un week-end inoubliable. Dites ce que vous avez fait comme activités de plein air, parlez de vos ressentis et donnez vos appréciations.

# BILAN

## Compétences **linguistiques** .../50

**1 a. À partir des indications suivantes, écrivez des suggestions à l'impératif.** *(1 point par réponse correcte)* .../6

1. (prendre / tu) → Prends ton bonnet et tes gants !
2. (prendre / vous) →
3. (porter / tu) →
4. (acheter / tu) →
5. (ne pas oublier / vous) →
6. (emporter / nous) →
7. (prendre / tu) →

**b.** 🔊 39 **Écoutez et associez les situations aux suggestions (act. 1a).** *(1 point par réponse correcte)* .../6

a. *Suggestion 1*   b. ............   c. ............   d. ............   e. ............   f. ............   g. ............

**2 Complétez avec *avoir envie de*, *avoir peur de* ou *avoir besoin de* au présent.** *(1 point par réponse correcte)* .../8

a. J'ai adoré cette activité. J'............................................. revivre cette expérience !
b. Marc ne veut pas faire du saut à l'élastique. Il ............................................. sauter dans le vide !
c. Nous partons en vacances dans le Sud, nous ............................................. vêtements légers.
d. Pour les vacances, quelle destination tu préfères ? Où est-ce que tu ............................................. aller ?
e. Élisabeth ne veut pas visiter les grottes parce qu'elle ............................................. aller sous terre.
f. J'aime bien ce groupe de rock, j'............................................. aller à leur concert !
g. Mon père fait du parapente, il n'............................................. sensations fortes.
h. Il va faire chaud, tu n'............................................. prendre un pull.

**3 a. Conjuguez les verbes entre parenthèses au présent.** *(1 point par réponse correcte)* .../9

1. Les touristes visitent ce site parce qu'ils y ............................................. (découvrir) des peintures de 20 000 ans.
2. Cet événement est célèbre dans le monde entier. Vous y ............................................. (découvrir) de grands films.
3. On ............................................. (choisir) ce site historique parce qu'il ............................................. (offrir) des visites guidées.
4. Nous ............................................. (offrir) à nos parents un séjour dans ce pays. Ils vont y faire de la randonnée.
5. Tu ............................................. (choisir) ce spectacle parce que tu peux y admirer ton actrice préférée ?
6. On aime cette région du sud-ouest de la France parce qu'on y ............................................. (découvrir) des sites exceptionnels.
7. Est-ce que vous ............................................. (choisir) cet événement parce qu'on peut y écouter de la musique classique ?
8. Nous aimons cette région située au bord de la mer : nous y ............................................. (découvrir) des paysages superbes.

**b. Trouvez de quel lieu ou événement on parle dans chaque phrase (act. 3a).** *(1 point par réponse correcte)* .../8

- une pièce de théâtre
- un festival de cinéma
- la Suisse
- une grotte préhistorique
- la Bretagne
- un concert de violon
- un château médiéval
- la Dordogne

1. .................... 2. .................... 3. .................... 4. ....................
5. .................... 6. .................... 7. .................... 8. ....................

**4 Réécrivez le dialogue au passé composé avec le nom des activités illustrées.**
*(1 point par verbe correct et 1 point par nom correct)* .../13

– Qu'est-ce que vous faites ce week-end ?

– Nous allons en montagne pour faire du [image].

– Avec ta femme et tes filles ?

– Oui. Et les filles veulent aussi faire de la [image].

– Elles aiment ça ?

– Oui, elles sont super contentes.

– Et Nathalie ?

– Elle a envie de tester une nouvelle expérience : le [image].

– Eh bien, quel week-end sportif !

– Et toi, Loïc, tu pars ce week-end ?

– Oui, à la mer. Je réalise mon rêve : je prends des cours de [image] !

# Compétences socioculturelles .../10

**1 Cochez les départements ou régions d'outre-mer (DROM).** *(1 point par réponse correcte)* .../5

☐ la Provence-Alpes-Côte d'Azur ☐ La Réunion ☐ la Normandie ☐ la Guyane ☐ la Corse ☐ la Guadeloupe
☐ Mayotte ☐ la Bretagne ☐ la Martinique ☐ les Hauts-de-France ☐ le Grand-Est ☐ l'Auvergne-Rhône-Alpes

**2 Placez les autres régions (act. 1) sur la carte.** *(1 point par réponse correcte)* .../5

Résultats .../60

# LEÇON 1 — Décrire des habitudes alimentaires

## Lexique

### Les aliments

**1** Écrivez la catégorie d'aliments correspondant à chaque photo. Puis complétez les noms des aliments.

a. *Les légumes*

1. une s............
2. une c............
3. des h............ v............
4. une t............
5. une c............
6. une p............ de t............

b. Les f............

1. une b............
2. une p............
3. une f............
4. une o............

c. Les p............ l............

1. du b............
2. un y............
3. du l............
4. du f............

**2** Entourez dans la grille :
– trois fruits à coque ;
– deux viandes ;
– un autre produit animal ;
– trois céréales / produits à base de céréales.

| R | B | N | A | E | B | L | T | P |
|---|---|---|---|---|---|---|---|---|
| I | S | E | M | O | U | L | E | O |
| Z | F | F | A | B | F | F | T | I |
| E | C | V | N | O | I | X | I | S |
| R | V | D | D | E | H | T | O | S |
| A | Z | R | E | U | H | D | J | O |
| G | S | T | V | F | H | L | C | N |
| N | O | I | S | E | T | T | E | Y |
| E | D | J | P | Â | T | E | S | M |
| A | I | F | K | E | H | E | O | P |
| U | C | R | Y | D | E | A | B | J |

### Les caractéristiques des aliments

**3** Associez. (Plusieurs possibilités.)

a. un pain
b. un fruit
c. un gâteau
d. du riz
e. un poisson
f. une boisson

1. de saison
2. frais
3. complet
4. fait maison
5. surgelé
6. sans sucre
7. gras

## Grammaire

### Exprimer une quantité

**4** Complétez avec les articles *un, une, du, de la, de l', des*.

### Les habitudes des Français pour le déjeuner

Les Français n'ont pas toujours un restaurant d'entreprise sur leur lieu de travail. Ils sont nombreux à emporter un repas préparé à la maison : *une* salade composée ou ......... viande froide avec ......... légumes, ou encore ......... pâtes.

Ils prennent aussi ......... fruit : ......... banane ou ......... pomme, faciles à transporter.
Autre solution pour une pause déjeuner rapide : acheter ......... sandwich ( ......... pain avec ......... charcuterie et / ou ......... fromage) et ......... boisson : ......... eau ou ......... soda.

**5** Entourez la proposition correcte.

a. – Qu'est-ce que vous prenez pour le petit déjeuner ?
  – Moi, c'est très simple : *du* / *de* café, *du* / *de* pain avec un peu *du* / *de* beurre et *des* / *du* fruits.
b. – Tu veux *de* / *du* soda ?
  – Non, je ne prends pas *de* / *du* soda pendant le repas, je bois *d'* / *de l'* eau.
c. – Vous mangez *de* / *de la* viande ?
  – Oui, mais on ne mange pas trop *de* / *de la* viande, seulement *du* / *de* poulet ou *du* / *de* bœuf, mais pas *d'* / *de l'* agneau !
d. – Il y a assez *de la* / *de* salade pour le dîner ?
  – Oui, et j'ai préparé la sauce avec *d'* / *de l'* huile et *de* / *du* citron.
e. – Tu veux *de* / *des* pâtes ?
  – Non merci, je ne mange pas *de* / *des* pâtes, je suis allergique au gluten. Mais je vais prendre *de* / *des* légumes.

**6** Transformez les phrases à la forme affirmative ou négative.

*Ex. : Tu prends du sucre dans ton yaourt ? → Tu ne prends pas de sucre dans ton yaourt ?*

a. Je ne mange pas de fromage, pas de yaourts : je n'aime pas les produits laitiers.
→ ..................................................................................................................

b. Les enfants ne mangent pas de poisson à l'école, ils n'aiment pas le poisson surgelé.
→ ..................................................................................................................

c. Tu prends du thé le matin ? Tu ne préfères pas le café ?
→ ..................................................................................................................

d. Elle utilise du beurre pour cuisiner, mais pas d'huile.
→ ..................................................................................................................

e. Je ne veux pas de salade, je n'aime pas la salade !
→ ..................................................................................................................

f. Ils achètent des légumes frais, des fruits de saison.
→ ..................................................................................................................

## Prononciation / Phonie-graphie

### L'élision du *e* dans *de*

**7** a. 🔊 40 **Écoutez et cochez ce que vous entendez.**

*Ex. : peu de biscuits.*

|        | Ex. | 1 | 2 | 3 | 4 | 5 | 6 | 7 | 8 |
|--------|-----|---|---|---|---|---|---|---|---|
| [də]   | ☒   | ☐ | ☐ | ☐ | ☐ | ☐ | ☐ | ☐ | ☐ |
| [d]    | ☐   | ☐ | ☐ | ☐ | ☐ | ☐ | ☐ | ☐ | ☐ |

b. **Entourez la forme écrite correcte.**

*Ex. : peu (de) / d' biscuits.*

Dans mes habitudes alimentaires, je consomme…

1. beaucoup *de* / *d'* bananes ;
2. beaucoup *de* / *d'* oranges ;
3. un peu *de* / *d'* poisson ;
4. peu *de* / *d'* viande ;
5. pas *de* / *d'* agneau ;
6. assez *de* / *d'* haricots verts ;
7. pas assez *de* / *d'* courgettes ;
8. beaucoup *de* / *d'* salade ;
9. un peu *de* / *d'* huile ;
10. trop *de* / *d'* fromage ;
11. peu *de* / *d'* yaourts ;
12. beaucoup *de* / *d'* eau.

## Communication

### Exprimer une quantité

**8** **Associez pour former des phrases. (Plusieurs réponses possibles.)**

a. Johan adore •    • 1. des pâtes.
b. Je n'achète pas •    • 2. de produits transformés.
c. Vous prenez •    • 3. du sucre dans le café ?
d. Elle achète peu •    • 4. les céréales et le lait.
e. Je n'aime pas •    • 5. du pain pour ce soir ?
f. Nous ne mangeons pas •    • 6. d'olives.
g. Mes amis mangent beaucoup •    • 7. le poisson.

### Exprimer la fréquence

**9** **Indiquez les habitudes des personnes. Utilisez les expressions de fréquence :** *toujours, souvent, parfois, jamais.*

Régulièrement, j'achète des plats préparés, mais quand j'ai des invités, je cuisine !

→ *Elena achète* ...................................................

a.

Tous les matins, je prends un café avant de partir au travail. Sans sucre !

→ Michael ...................................................

b.

Je suis végétarien : je ne mange pas de viande, mais je mange des œufs trois ou quatre fois par semaine. Je prends du fromage à la fin de chaque repas.

→ Antoine ...................................................

c.

## Comprendre – S'exprimer

**10** Vrai ou faux ? Lisez l'article puis cochez.

### Ma vie en France

#### LES HABITUDES ALIMENTAIRES FRANÇAISES : UN EXEMPLE À SUIVRE !

En France, manger est un plaisir plutôt qu'une nécessité : la façon de faire est différente de mon pays d'origine. Maintenant que je vis dans ce pays, je découvre des habitudes alimentaires positives qui peuvent être une bonne inspiration pour nous tous.

**Des repas pris ensemble, à heures fixes, et pas de collation**

Les Français prennent trois repas par jour et en général ne mangent pas entre les repas.
Ils ont l'habitude de manger ensemble autour d'une table, en famille, et au travail, entre collègues.

**Des fruits et légumes frais et de l'eau à table**

Les Français aiment acheter des légumes et des fruits frais, souvent sur les marchés, très populaires partout dans le pays. Ils consomment souvent des fruits à la fin du repas ; les pâtisseries ne sont pas habituelles au quotidien. Les Français mangent souvent du fromage, normalement avant le dessert. Enfin, l'eau est la boisson préférée pour accompagner les repas.

**Des portions raisonnables**

Au restaurant, j'ai observé deux choses : les portions semblent petites mais elles sont suffisantes et les gens ne laissent pas beaucoup de nourriture dans les assiettes. J'ai aussi constaté que les enfants prennent très jeunes l'habitude de manger comme les adultes.

*16 avril 2023, publié par FandeFrance*

a. La personne qui écrit est française. ☐ Vrai ☐ Faux
b. La personne aime la façon de manger en France. ☐ Vrai ☐ Faux
c. En France, les horaires des repas sont réguliers. ☐ Vrai ☐ Faux
d. Les Français ont l'habitude de manger souvent dans la journée. ☐ Vrai ☐ Faux
e. Les Français font toujours les courses alimentaires au supermarché. ☐ Vrai ☐ Faux
f. Ils mangent des fruits pour terminer le repas. ☐ Vrai ☐ Faux
g. Ils mangent du fromage entre les repas. ☐ Vrai ☐ Faux
h. En France, les personnes boivent de l'eau pendant les repas. ☐ Vrai ☐ Faux
i. Il y a toujours un repas spécial pour les enfants. ☐ Vrai ☐ Faux

**11** À la manière du blog de l'activité 10, rédigez un article sur les habitudes alimentaires dans votre pays.

#### LES HABITUDES ALIMENTAIRES

# LEÇON 2 — Parler de l'aménagement d'un logement

## Lexique

### Les pièces, les meubles, les objets et leurs caractéristiques

**1** Complétez le témoignage avec les mots suivants.

canapé-lit – bibliothèque – placard – chaises – table – fauteuil – bureau – armoire – étagères

---

**LA TOUCHE D'AGATHE**
DÉCORATION D'INTÉRIEUR

ACCUEIL   PRESTATIONS   PROJETS   AVIS   PRESSE   BIOGRAPHIE   CONTACT   BLOG

### TÉMOIGNAGE

Sabrina, 9 avril

J'ai fait appel à Agathe pour la déco de mon appartement et je suis très contente ! Maintenant, j'ai beaucoup d'espaces de rangement : une grande *armoire* pour les vêtements dans ma chambre, une ................ pour mes livres dans mon salon et des ................ avec des plantes vertes et des objets de décoration. Dans ma cuisine, on a installé un ................ pour ranger tous les ustensiles. Agathe a aussi écouté mon besoin d'inviter des amis : j'ai maintenant un grand ................ dans le salon : super pour regarder la télé, mais aussi faire dormir les invités ! Dans la cuisine, ma nouvelle ................ est idéale pour manger seule ou avec des amis. J'ai quatre ................ pour s'asseoir et une cinquième devant mon ................ pour travailler. Et puis merci Agathe pour le conseil « vintage » : j'ai gardé un vieux ................ très confortable pour lire le soir !

---

**2** Associez les objets à leur fonction.

- a. une plante
- b. des rideaux
- c. un miroir
- d. un plaid
- e. un tableau
- f. un coussin
- g. une lampe

- 1. pour se regarder, se maquiller
- 2. pour protéger de la lumière extérieure
- 3. pour décorer un mur
- 4. pour avoir de la lumière
- 5. pour décorer le canapé
- 6. pour avoir chaud devant la télé
- 7. pour apporter un peu de vert

**3** Écrivez la couleur de chaque objet.

Ex. : un canapé *bleu*  
a. un coussin  
b. une table  
c. des rideaux  
d. un miroir  
e. un fauteuil  
f. un lit  
g. un tapis  
h. une lampe  
i. une chaise

**4** Reliez les contraires.

long — actuel — clair — triste — vieux

sombre — court — nouveau — démodé — gai

## Grammaire

### Poser des questions

**5** Transformez ces questions d'un décorateur en questions formelles (à l'écrit).

1. Pourquoi est-ce que vous avez besoin d'un coach déco ?
2. Où est-ce que vous habitez : dans un appartement, une maison, un studio ?
3. Comment et avec qui est-ce que vous vivez : en coloc, en famille, en couple, seul(e) ?
4. Est-ce que vous voulez redécorer tout le logement ou seulement une pièce ?
5. Quel style vous aimez ?
6. Qu'est-ce que vous voulez garder comme meubles ou objets ?
7. Vous avez un plan de votre logement ?
8. Quand est-ce que vous êtes disponible pour un rendez-vous ?

▶ Les questions à se poser pour **préparer un rendez-vous avec un décorateur**

1. *Pourquoi avez-vous besoin d'un coach déco ?*
2. 
3. 
4. 
5. 
6. 
7. 
8.

## L'accord et la place des adjectifs

**6** Écrivez les adjectifs à la forme correcte.

*Ex. : Tu aimes ton (nouveau) **nouvel** appartement ?*

a. Nous n'aimons pas les couleurs (vif) ................., nous préférons les couleurs (doux) ................. .

b. Cette table (bas) ................. est très (vieux) ................. . Elle vient de mes grands-parents.

c. J'adore votre cuisine ! Elle est très (beau) ................. comme ça, toute (blanc) ................. !

d. Cette armoire est trop (gros) ................. et elle n'est pas (fonctionnel) ................. .

e. La pièce est très sombre : les rideaux sont (marron) ................. et les murs sont (gris) ................. !

f. Tu veux garder ta lampe (violet) ................. ? La forme et la couleur ne sont pas très (actuel) ................. !

**7** Caractérisez les objets suivants. Mettez les adjectifs à la place et à la forme correctes.

*Ex. : bibliothèque (nouveau) → une nouvelle bibliothèque*

a. une lampe (gris) → .................
b. un coussin (gros) → .................
c. une plante (vert) → .................
d. une table (long) → .................
e. un tapis (doux) → .................
f. des rideaux (nouveau) → .................
g. des placards (noir) → .................
h. une chaise (vieux) → .................

# Communication

## Poser des questions

**8** Mettez les mots dans l'ordre pour formuler les questions. Ajoutez la ponctuation et les majuscules. (Il y a parfois plusieurs possibilités.)

*Ex. : aimez / les couleurs claires / vous → Vous aimez les couleurs claires ? / Aimez-vous les couleurs claires ?*

a. dans votre appartement / voulez / changer / vous / que → .................

b. vous / préférez / quel style de décoration → .................

c. le canapé / est-ce qu' / installe / où / on → .................

d. est-ce que / la déco de ton appartement / refais / pourquoi / tu → .................

e. sur ces étagères / ranges / tu / qu'est-ce que → .................

f. on / quand / un nouveau lit / est-ce qu' / achète → .................

g. ranges / dans cette armoire / tu / quoi → .................

**9** Formulez les questions correspondant aux réponses suivantes. Proposez deux formulations différentes (formelle et informelle).

*Ex. : – (Est-ce que) vous êtes content de votre nouveau canapé ? / Êtes-vous content de votre nouveau canapé ?*
*– Oui, je suis très content.*

a. – .................
– Parce que notre table actuelle est trop petite.

b. – .................
– Nous voulons installer notre bureau près de la fenêtre.

c. – .................
– Non, on n'aime pas cette couleur.

## Comprendre – S'exprimer

**10** 🔊 41 **Écoutez la conversation entre Caroline et son père. Cochez la ou les option(s) correcte(s).**
   a. Caroline ☐ a un nouvel appartement ☐ a fait des changements dans son appartement ☐ visite un appartement.
   b. Dans le salon, les murs sont ☐ bleu-gris ☐ de couleurs claires ☐ de couleurs vives.
   c. Caroline ☐ a acheté un nouveau canapé ☐ a gardé son canapé ☐ a décoré son canapé.
   d. Elle ☐ a un nouveau fauteuil ☐ a changé la place du fauteuil ☐ a redécoré son fauteuil.
   e. Elle a choisi des couleurs ☐ claires ☐ gaies ☐ sombres pour sa chambre.
   f. Elle ☐ a transformé sa cuisine ☐ a ajouté des étagères dans la cuisine ☐ a gardé la cuisine identique.

**11** **Vous voulez redécorer votre logement. Répondez aux questions posées par votre décorateur.**

> Préparez votre rendez-vous de **coaching déco**         AM INTÉRIEURS
>
> ▶ Dans quel type de logement habitez-vous ?
> ...........................................................................................
>
> ▶ Quelles pièces de votre logement voulez-vous redécorer ?
> ...........................................................................................
>
> ▶ Pourquoi voulez-vous redécorer cette / ces pièce(s) ?
> ...........................................................................................
> ...........................................................................................
>
> ▶ Quel style de décoration, quelles couleurs imaginez-vous pour votre intérieur ?
> ...........................................................................................
> ...........................................................................................
>
> ▶ Voulez-vous changer vos meubles ? Quels objets voulez-vous garder ? Pourquoi ?
> ...........................................................................................
> ...........................................................................................
>
> ▶ Qu'est-ce que vous n'aimez pas dans votre intérieur ?
> ...........................................................................................
> ...........................................................................................

**12** **Vous venez de changer la décoration de votre intérieur. Répondez au mail de votre ami.**

De : Yann
À : moi
Objet : Ton appart

Salut !
Comment ça va ? Alors, ton nouvel appart ? Tu as fini de refaire la déco de ton salon et de ta chambre ? Tu es content du résultat ? Qu'est-ce qui a changé ? Je vais venir voir ça bientôt, mais avant, je veux des détails ! Bises,
Yann

À : Yann

Salut Yann, ...........................................................
...........................................................................................
...........................................................................................
...........................................................................................
...........................................................................................
...........................................................................................
...........................................................................................

# LEÇON 3 — Parler de la santé

## Lexique

### Les parties du corps

**1 a. Complétez les phrases avec des parties du corps.**

*Ex. : On porte un bébé dans les **bras**.*

1. On peut s'allonger sur le d............ .
2. On porte des lunettes de soleil pour protéger ses y............ .
3. On porte un chapeau sur la t............ .
4. Debout, on a les p............ sur le sol.
5. On utilise les j............ pour marcher ou courir.
6. On tape dans ses m............ pour dire bravo.

**b. Complétez la grille avec les mots correspondant aux définitions suivantes.**

1. Partie entre l'avant-bras et la main.
2. Partie entre les épaules et la tête.
3. Partie centrale du bras.
4. Partie centrale de la jambe.
5. Parties à l'extrémité de la main.

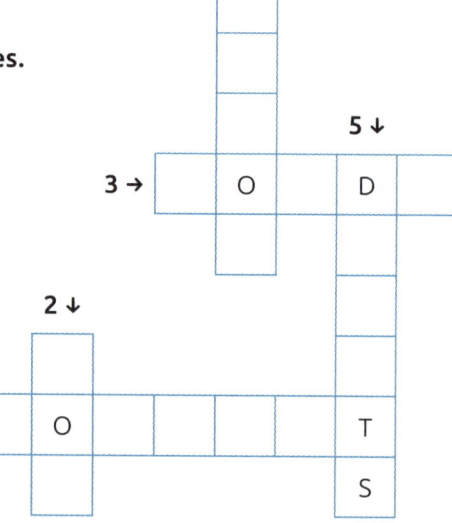

### Les sensations

**2 Écrivez le numéro de la photo correspondant à chaque sensation.**

Qui a…

a. mal à la tête ? → photo *5*
b. de la fièvre ? → photo ......
c. faim ? → photo ......
d. sommeil ? → photo ......
e. soif ? → photo ......
f. froid ? → photo ......

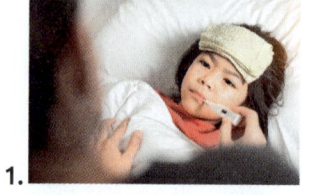
1.

2.

3.

4.

5.

6.

## La consultation médicale

**3** Associez.

a. Le patient consulte le médecin — 5. parce qu'il est malade.
b. Le patient prend sa température •  • 1. pour prescrire des médicaments.
c. Le patient passe une radio •  • 2. parce qu'il vient en consultation.
d. Le médecin fait une ordonnance •  • 3. parce qu'il a mal à la jambe.
e. Le médecin examine un patient •  • 4. parce qu'il a de la fièvre.

## Grammaire

### Exprimer des douleurs et des sensations

**4** Complétez avec les verbes *être* ou *avoir* au présent et, si nécessaire, un article partitif.

– Ça ne va pas ? Tu *es* fatiguée ?

– Oui, j'ai mal dormi et j'............. sommeil. Et puis j'............. mal à la tête et j'............. froid.

– Oh, toi, tu n'............. pas en forme ! Tu ............. fièvre ?

– Je ne sais pas, je n'ai pas pris ma température.

– Est-ce que tu ............. appétit ?

– Non, je n'............. pas ............. faim du tout.

– Alors va consulter un médecin : tu ............. malade !

### L'impératif pour faire des recommandations

**5** Transformez les recommandations à l'impératif.

*Ex. : Nous ne devons pas bouger, nous devons nous reposer. → Ne bougeons pas, reposons-nous.*

a. Tu ne dois pas prendre de médicament sans l'avis du médecin !

→ ................................................................

b. Vous devez faire des mouvements et vous devez vous étirer régulièrement.

→ ................................................................

c. Pour être en forme demain, tu dois être raisonnable, tu ne dois pas te coucher trop tard.

→ Pour être en forme demain, ................................................................

d. Pour bien travailler, nous devons être assis confortablement et nous devons avoir le dos bien droit.

→ Pour bien travailler, ................................................................

e. Pour être bien assis, tu dois avoir les deux pieds posés au sol.

→ Pour être bien assis, ................................................................

f. Vous ne devez pas vous allonger pour travailler, c'est mauvais pour le dos !

→ ................................................................, c'est mauvais pour le dos !

g. Vous avez de la fièvre, vous devez consulter un médecin !

→ Vous avez de la fièvre, ................................................................

**6** Complétez avec les verbes suivants conjugués à l'impératif.

s'allonger – se détendre – avoir – ne pas avoir – ne pas s'asseoir – se laver – s'entraîner – être – faire

*Ex. :* **Faites** des pauses régulièrement pendant votre journée de travail.

a. ................................ les mains avant de manger : tu dois respecter cette règle d'hygiène !

b. Vous ne dormez pas bien ? ................................ des horaires de lever et de coucher réguliers !

c. Tu te sens mal ? ................................ sur le canapé !

d. ................................ attentif à ton alimentation, c'est important pour ta santé !

e. ................................ sur cette chaise pour travailler, vous allez avoir mal au dos.

f. ................................ pendant la consultation et ................................ peur, vous allez voir, tout va bien se passer !

g. Devant notre écran, ................................ à faire des petits mouvements pour ne pas avoir mal au dos.

## Prononciation / Phonie-graphie

### La distinction [ɑ̃] / [ɛ̃]

**7** 🔊 42 [ɑ̃] comme dans *dentiste* ou [ɛ̃] comme dans *médecin* ? Écoutez et cochez le son entendu dans les mots.

|      | Ex. | a | b | c | d | e | f | g | h |
|------|-----|---|---|---|---|---|---|---|---|
| [ɑ̃] | ☒  | ☐ | ☐ | ☐ | ☐ | ☐ | ☐ | ☐ | ☐ |
| [ɛ̃] | ☐  | ☐ | ☐ | ☐ | ☐ | ☐ | ☐ | ☐ | ☐ |

## Communication

### Exprimer des douleurs et des sensations

**8** Écrivez les douleurs ou sensations ressenties dans ces situations.

*Ex. : La musique est trop forte !* **Nous avons mal à la tête !**

a. Je suis assise toute la journée pour mon travail, ................................

b. Anne-Lise n'a pas mangé hier soir, ................................

c. Thomas n'a pas bien dormi cette nuit, ................................

d. Zut ! ................................ mais il n'y a pas d'eau dans ma gourde !

e. Il fait 30 °C chez Lucie, ................................

### Faire des recommandations

**9** Lisez les problèmes exprimés et faites des recommandations pour chaque situation.

*Ex. :* Je suis fatigué ! → *Couche-toi tôt ce soir ! / Reposez-vous !*

a. On a mal aux jambes, on ne peut pas rester debout ! → ................................

b. Brrr ! On a froid ! → ................................

c. J'ai mal au dos quand je travaille sur mon canapé. → ................................

d. Je suis tombé de vélo et j'ai mal à la jambe ! → ................................

e. Je me sens mal ! → ................................

f. Je suis resté assis trop longtemps ! → ................................

## Comprendre – S'exprimer

**10** Lisez la brochure.

**a.** Associez chaque recommandation ci-dessous à une astuce de la brochure. Attention, il y a des intrus !

| | |
|---|---|
| Être attentif à son alimentation | → astuce ......... |
| Aérer le logement | → astuce ......... |
| S'exposer au soleil | → astuce ......... |
| Se préparer pour bien dormir | → astuce ......... |
| Faire de l'activité physique en extérieur | → astuce ......... |
| Sortir avec des amis | → astuce ......... |
| Respecter des règles d'hygiène | → astuce ......... |

**b. Cochez les options correctes.**

Dans la brochure, on recommande…
1. ☐ de marcher trente minutes par semaine.
2. ☐ de se laver régulièrement les mains pour ne pas attraper de maladies.
3. ☐ d'ouvrir ses fenêtres quelques minutes par jour.
4. ☐ de manger cinq fruits et légumes chaque jour.
5. ☐ de faire de l'activité physique le soir.
6. ☐ de ne pas regarder d'écran avant de dormir.

## 5 astuces pour être en forme l'hiver

**1 — Je sors et je bouge**
En hiver, la météo n'est pas très agréable, mais ne vous découragez pas ! Fixez-vous des objectifs simples : accompagnez vos enfants à l'école à pied, sortez votre chien ou promenez-vous le dimanche. L'idéal est de faire 30 minutes de marche quotidienne pour être en bonne santé.

**2 — Je me lave les mains**
80 % des maladies sont transmises par les mains. Pour éviter les virus de l'hiver, lavez-vous les mains souvent : quand vous rentrez à la maison, quand vous arrivez au travail ou quand vous prenez les transports en commun et, bien sûr, avant chaque repas !

**3 — J'ouvre les fenêtres**
Protégez-vous de la mauvaise qualité de l'air dans votre intérieur : pensez à ouvrir vos fenêtres 5 à 10 minutes chaque matin.

**4 — Je prends des vitamines**
Pour une bonne alimentation, mangez cinq fruits et légumes par jour. En hiver, c'est la saison des pommes, des oranges, des bananes, des carottes et des kiwis. Ils sont parfaits pour vous apporter un maximum de vitamines !

**5 — Je suis attentif à mon sommeil**
L'hiver, les journées sont courtes ! Votre corps a besoin de suivre le rythme du soleil. Le soir, couchez-vous tôt quand vous êtes fatigué(e) et avant de dormir, ne faites pas d'activité sportive : détendez-vous et évitez les écrans !

*Dossier 7 — Leçon 3*

**11** Rédigez cinq astuces pour cette brochure.

**5 astuces pour être en bonne santé au quotidien**

**12** C'est l'hiver, votre ami(e) est malade. Répondez à son message.

> Salut ! Je ne vais pas venir ce soir parce que je suis malade. J'ai de la fièvre… 🤢🤧 Comment je peux faire pour être rapidement en forme ?

# BILAN

## Compétences linguistiques  .../50

**1** Caractérisez les aliments avec les éléments donnés. *(1,5 point par item correct)* .../12

Ex. :  *(clair / froid)* → *de l'eau claire et froide*

a.  (vieux / vert) → une ..................

e.  (long / orange) → une ..................

b.  (jaune / petit) → des ..................

f.  (rouge / gras) → de la ..................

c.  (violet / gros) → une ..................

g.  (beau / blanc) → des ..................

d.  (gris / gros) → des ..................

h.  (bon / frais) → des ..................

**2** Entourez l'option correcte. *(1 point par réponse correcte)* .../13

a. Nous ne mangeons *jamais / toujours* *de la / de* viande : nous sommes végétariens.

b. Il mange *parfois / toujours* *de / du* pain : deux ou trois fois par semaine.

c. Au travail, je suis *parfois / toujours* assis : toute la journée devant mon ordinateur. Je fais *assez / peu de / du* sport : je fais seulement du vélo pendant les vacances…

d. Ils ne mangent pas *de / le* fromage parce qu'ils n'aiment pas *de / les* produits laitiers.

e. Elle boit *peu / trop de / des* boissons sucrées et pas *assez / trop d' / de l'* eau, ce n'est pas bon pour sa santé !

**3** Écrivez les recommandations à l'impératif avec le nom des meubles et objets. *(1,5 point par item correct)* .../12

Ex. : Tu ranges tes livres dans la  . → *Range tes livres dans la bibliothèque !*

a. Tu t'installes régulièrement sur un  et tu t'étires.
→ ..................

b. Pour travailler, vous ne vous asseyez pas sur une  de cuisine mais dans un  confortable !
→ ..................

c. Tu changes les  et les ⬛ dans ta chambre.
→ ..................

d. Pour une ambiance calme, vous êtes attentifs à la couleur des ⬛ : vous choisissez des couleurs claires.
→ ..................

**e.** Tu décores ta maison avec des 🌿 vertes et des 🖼 colorés.

→ ..................................................................................

**f.** Pour bien travailler, vous n'avez pas trop de choses sur votre 🗄, vous rangez vos affaires !

→ ..................................................................................

**g.** Tu ne t'endors pas sur le 🛋, tu vas te coucher !

→ ..................................................................................

**h.** Vous aménagez votre cuisine : vous vous occupez de l'installation de nouveaux 🗄.

→ ..................................................................................

**4** **Complétez le dialogue.** *(1 point par réponse correcte)* .../13

– Bonjour docteur !

– Bonjour madame Michelet. Alors, ........................ venez-vous en consultation aujourd'hui ?

– Parce que je ne ........................ pas en forme et j'ai des douleurs.

– ........................ est-ce que vous ........................ mal ?

– ........................ tête, ........................ épaules et ........................ dos.

– ........................ vous avez de la ........................ ?

– Oui, j'ai 38,5.

– Vous ........................ fatiguée ?

– Oui, j'ai ........................ toute la journée : j'ai tout le temps envie de dormir.

– Quand ........................ vous avez mangé, la dernière fois ?

– J'ai mangé ce matin, mais pas à midi : je n'ai pas d'........................ .

– Bien. Je vais vous examiner.

## Compétences **socioculturelles**  .../10

**1** **Associez chaque définition au visuel correspondant.** *(1 point par réponse correcte)*  .../5

**a.** un organisme de prévention pour la santé → visuel ...........

**b.** une campagne pour favoriser une bonne hygiène de vie → visuel ...........

**c.** un organisme chargé des remboursements pour les dépenses de santé → visuel ...........

**d.** un logo d'information sur la qualité nutritionnelle des aliments → visuel ...........

**e.** un document personnel nécessaire pour le remboursement des frais de santé → visuel ...........

1.     2.     3.     4.     5.

**2** **Cochez l'option correcte.** *(1 point par réponse correcte)*  .../5

**a.** Les Français consomment ☐ beaucoup ☐ peu de produits laitiers.

**b.** La consommation de viande ☐ diminue ☐ augmente en France.

**c.** En France, on consomme ☐ peu ☐ trop d'alcool.

**d.** ☐ 30 % ☐ 60 % des Français sont flexitariens.

**e.** Les Français mangent ☐ beaucoup ☐ peu de pain complet.

Résultats .../60

# LEÇON 1 — Comprendre et expliquer une recette de cuisine

## Lexique

### Les expressions de quantité

**1** Entourez dans la grille dix mots pour exprimer une quantité. Puis complétez les ingrédients avec les mots trouvés.

| A | P | I | N | C | É | E | K | I |
|---|---|---|---|---|---|---|---|---|
| B | O | U | Q | U | E | T | I | E |
| F | G | B | O | I | T | E | L | E |
| J | O | G | E | L | O | P | O | T |
| P | U | R | C | L | I | T | R | E |
| U | S | A | H | È | R | L | F | R |
| M | S | M | O | R | C | E | A | U |
| O | E | M | S | E | V | A | I | C |
| T | I | E | S | A | C | H | E | T |
| V | G | S | P | O | U | Y | H | G |

*Ex. : une cuillère de sucre*

a. un(e) .................................. de thé
b. un(e) .................................. de menthe
c. un(e) .................................. de sel
d. un(e) .................................. d'ail
e. un(e) .................................. de petits pois
f. un(e) .................................. de pain
g. 500 .................................. de haricots
h. un(e) .................................. de lait
i. un(e) .................................. de farine
j. un(e) .................................. de yaourt

### Les actions et les ustensiles pour cuisiner

**2** Mettez les verbes soulignés à la place correcte.

#### Les conseils de Léa en cuisine

**a** Pour protéger vos casseroles, utilisez toujours une cuillère en bois pour <u>ajouter</u> .................................. les aliments.

**b** Pour une cuisson rapide, il faut <u>éplucher</u> .................................. la casserole avec un couvercle.

**c** Pour une bonne mousse au chocolat, vous pouvez <u>faire cuire</u> .................................. une pincée de sel dans la préparation.

**d** Vous pouvez <u>faire chauffer</u> .................................. la soupe dans des assiettes chaudes.

**e** Pour préparer des œufs durs, il faut les <u>verser</u> .................................. pendant 10 minutes dans de l'eau bouillante (à 100 °C). Puis il faut <u>couvrir</u> .................................. de l'eau froide sur les œufs pour stopper la cuisson.

**f** Il ne faut pas utiliser un plat métallique pour <u>servir</u> .................................. des aliments au four à micro-ondes.

**g** Pour <u>mélanger</u> .................................. les pommes, choisissez bien votre couteau.

## Grammaire

### Les prépositions *à* ou *de* pour nommer un plat

**3** Complétez les noms des plats. Utilisez la préposition *à* ou *de*.

**MENU DES ARTS**

Galette *de* pommes de terre *au* fromage
ou
Carpaccio ............ bœuf

Rôti ............ veau ............ tomate, frites, légumes
ou
Pavé ............ saumon, sauce ............ estragon, tagliatelles, légumes

Gâteau ............ chocolat et glace ............ vanille
ou
Tarte ............ pommes
ou
Café gourmand

### Le verbe *mettre* au présent

**4** Complétez avec le verbe *mettre* au présent. Puis transformez au singulier ou au pluriel.

a. Je ne *mets* pas de sucre dans le café.

→ Nous ..................................................................................................................................

b. Est-ce que vous .............................................. du beurre ou de l'huile dans les légumes ?

→ Est-ce que tu ..................................................................................................................

c. Il .............................................. toujours de la cannelle sur la tarte aux pommes.

→ Ils ..................................................................................................................................

### Les pronoms COD *le, la, l', les*

**5** Transformez les réponses comme dans l'exemple.

Ex. : – Il faut couvrir la casserole ?
– Oui, avec le grand couvercle. → Oui, il faut la couvrir avec le grand couvercle.

a. – J'épluche les oignons ?

– Oui, avec ce couteau de cuisine. → ..................................................................................

b. – Où est-ce que tu mets la farine ?

– Dans cette boîte. → ........................................................................................................

c. – Johan et Sarah, comment vous aimez le thé ?

– Sans sucre, avec un peu de lait. → ................................................................................

d. – Dans quoi est-ce que je peux mélanger les œufs et le sucre ?

– Dans ce saladier. → ........................................................................................................

e. – Ariane, où est-ce que vous trouvez vos recettes de cuisine ?

– Sur Internet. → ..............................................................................................................

f. – Quand vas-tu écrire ta recette ?

– Demain ! → ....................................................................................................................

# Prononciation / Phonie-graphie

## Les sons [k] et [g]

**6** 🔊 43 **Écoutez. Les deux mots sont identiques ou différents ? Cochez.**

*Ex. : courses – courses.*

|   | Ex. | a | b | c | d | e | f | g | h |
|---|---|---|---|---|---|---|---|---|---|
| = | ☒ | ☐ | ☐ | ☐ | ☐ | ☐ | ☐ | ☐ | ☐ |
| ≠ | ☐ | ☐ | ☐ | ☐ | ☐ | ☐ | ☐ | ☐ | ☐ |

# Communication

## Donner des instructions

**7** Écrivez les actions à réaliser pour la préparation de cette recette (précisez les ustensiles).

**CRUMBLE AUX POMMES**

**Ingrédients**
- 6 pommes
- 150 g de sucre roux
- 150 g de farine
- 125 g de beurre demi-sel
- 1 sachet de sucre vanillé
- 1 citron

**Ustensiles**
- 1 couteau
- 1 économe
- 1 plat à four
- 1 saladier
- 1 cuillère en bois
- 1 four

1. Éplucher les pommes avec un économe.

# Comprendre – S'exprimer

**8** 🔊 44 **Regardez la recette proposée sur le site Cuisine-facile.com et lisez la liste des ingrédients. Puis écoutez l'explication de la préparation.**

a. Vrai ou faux ? Cochez.

1. La recette est adaptée pour toute l'année. ☐ Vrai ☐ Faux
2. La recette est difficile à réaliser. ☐ Vrai ☐ Faux
3. La préparation de cette recette ne prend pas beaucoup de temps. ☐ Vrai ☐ Faux
4. Il faut beaucoup d'ustensiles pour faire cette recette. ☐ Vrai ☐ Faux

b. Complétez la liste des ingrédients.

**9** a. Écrivez la préparation de la recette des tartines à la grecque (act. 8) pour le site Cuisine-facile.com.

..................................................................................................................................................................................
..................................................................................................................................................................................
..................................................................................................................................................................................
..................................................................................................................................................................................

b. Choisissez une recette que vous aimez, facile à réaliser. Écrivez-la pour le site Cuisine-facile.com.
Indiquez le nom du plat, la liste des ingrédients et le nombre de personnes, les instructions pour la préparation. Vous pouvez ajouter des précisions sur la façon de servir ou de déguster cette recette, à quelle période de l'année, etc.

..................................................................................................................................................................................
..................................................................................................................................................................................
..................................................................................................................................................................................
..................................................................................................................................................................................
..................................................................................................................................................................................
..................................................................................................................................................................................
..................................................................................................................................................................................

# LEÇON 2 — Évoquer des événements personnels

## Lexique

### Les grands événements de la vie

**1** Observez les photos et complétez le nom des événements.

a. une *remise* de _ _ _ _ _ _ _

b. une _ _ _ _ a _ _ a _ _ _ _

c. un m _ _ i _ _ _

d. un _ _ m _ _ a _ _ _ _ _ _

e. une _ _ i _ a _ _ _

**2** Complétez les phrases avec un verbe.

a. Alors, vous allez *déménager* ?
— Oui, on va ........................ dans notre nouvel appartement le mois prochain.

b. C'est officiel, Lisa et Driss vont ........................ au printemps. Vous êtes invités à fêter leur union !

c. Je suis papa ! Maxime vient de ........................ ce matin ! Je suis très heureux !

d. Louise vient d'........................ son diplôme d'architecte. Elle va bientôt commencer à travailler.

e. Triste nouvelle : le chien de mamie vient de ........................ 😢

### Les moments-clés de l'année

**3** a. Associez les moments-clés à la bonne période en France.

1. Pâques •
2. la rentrée •
3. le Nouvel An •
4. les grandes vacances •
5. Noël •

• a. début janvier
• b. en juillet et en août
• c. fin décembre
• d. entre fin mars et fin avril
• e. début septembre

b. Légendez les photos avec les noms des moments-clés (act. 3a).

1. ........................
2. ........................
3. ........................
4. ........................
5. ........................

# Grammaire

## Le passé composé

**4** Transformez les phrases au passé composé.

a. Béatrice déménage début septembre ; elle s'installe en colocation avec une amie.

*Béatrice a déménagé début septembre ;* elle ..................................................

b. Nous faisons une grande fête pour notre anniversaire, tous nos amis se retrouvent pour l'occasion.

..................................................

c. Noé reprend l'école ce matin. Il découvre sa nouvelle classe et ses nouveaux camarades.

..................................................

d. Leïla et Gabriel partent au Canada pendant les grandes vacances. Ils restent là-bas pendant un mois.

..................................................

e. Jeanne et Pierre se rencontrent en mai, ils s'aiment au premier regard !

..................................................

f. Tes filles s'inscrivent à de nouvelles activités à la rentrée ? Qu'est-ce qu'elles choisissent ?

..................................................

g. Ta famille et toi, vous vous réunissez à Noël ?

..................................................

## Le passé composé / L'imparfait (*c'était, il y avait*)

**5** Conjuguez les verbes entre parenthèses à l'imparfait ou au passé composé.

– Salut Valérie ! Bonne année !

– Bonne année à toi, Fabienne !

– Alors, les fêtes de fin d'année ? *C'était* (être) bien ?

– Oui, nous .................... (aller) chez mes parents pour fêter Noël. Il y .................... (avoir) mes frères et sœurs, ce .................... (être) très sympa de se retrouver ! Et puis, pour le Nouvel An, des amis .................... (venir) chez nous. Nous .................... (danser). Ce .................... (être) un réveillon assez simple, mais les enfants .................... (s'amuser) ! Et toi ?

– Moi, je .................... (vivre) une fin d'année un peu spéciale : avec Thomas, on .................... (faire) un voyage en Islande ! Ce .................... (être) formidable ! Nous .................... (dormir) chez l'habitant : des gens très accueillants ; il y .................... (avoir) une ambiance très chaleureuse chez eux. On .................... (devenir) amis !

– Et vous .................... (visiter) le pays ?

– Oui ! Je .................... (adorer) les paysages ! Je .................... (prendre) plein de photos !

– Vous .................... (rester) là-bas le soir du Nouvel An ?

– Oui, nous .................... (sortir) et nous .................... (s'embrasser) sous la neige pour nous souhaiter la bonne année ! Il y .................... (avoir) une atmosphère magique ! Mais je .................... (avoir) un peu froid !

Dossier 8 — Leçon 2

## Prononciation / Phonie-graphie

### La distinction [ɛ̃] / [ã] / [ɔ̃]

**6** 🔊 45 **Écoutez et complétez : dans quel mot vous entendez le son [ɛ̃] ? [ã] ? [ɔ̃] ?**

Ex. : onze – quinze – quarante.

|      | Ex. | a | b | c | d | e | f | g | h |
|------|-----|---|---|---|---|---|---|---|---|
| [ɛ̃] | 2   |   |   |   |   |   |   |   |   |
| [ã]  | 3   |   |   |   |   |   |   |   |   |
| [ɔ̃] | 1   |   |   |   |   |   |   |   |   |

## Communication

### Féliciter, exprimer des vœux

**7 a. Que dites-vous dans ces situations ? Formulez les vœux / félicitations correspondants. (Plusieurs possibilités.)**

1. J'ai obtenu mon diplôme d'ingénieur ! → ........................

2. Timéo est né ce matin. C'est un beau bébé de 3 kilos ! → ........................

3. Je vais passer mes examens la semaine prochaine… J'ai peur ! → ........................

4. Karine et moi, nous venons de nous marier. → ........................

**b. Complétez les cartes de vœux.**

1.

2.

3.

### Raconter des événements passés

**8** À partir de la rétrospective suivante, rédigez la suite de la lettre d'Elsa à ses amis.

---

**Les grands événements de l'année**

**Janvier** – Départ pour notre nouvelle vie au Maroc ! Arrivée à Casablanca le 1er janvier à minuit. Bizarre de quitter la France !

**Février** – Naissance de notre fille, Nina, le 26. Début d'une nouvelle vie à trois.

**Début avril** – Changement de rythme pour moi. Après deux mois à la maison avec Nina, reprise du travail et découverte de ma nouvelle entreprise. Pas facile de laisser mon bébé !

**Mai** – Installation de ma mère chez nous pour s'occuper de Nina pendant quelques semaines.

**Juin** – Rencontre avec notre nouvelle baby-sitter.

**Mi-août** – Vacances à trois au bord de la mer : beaucoup de monde, mais lieu magnifique !

**Septembre** – Première dent de Nina ! Préparation de sa première purée !

**Octobre** – Mariage de nos amis de Casablanca. Une fête formidable !

**Fin décembre** – Visite de notre famille de France. Retrouvailles pour le premier Noël de notre fille.

*Chers amis,*

*Bonne année à toutes et à tous ! Voici une rétrospective de notre première année loin de vous.*

*Nous sommes partis pour notre nouvelle vie au Maroc en janvier. Nous sommes arrivés ..................*

..................

..................

..................

..................

..................

*Bises,*

*Elsa, Loïc et Nina*

## Comprendre – S'exprimer

**9** 🔊 46 **Regardez la page du site *J'M mon patrimoine* et écoutez le micro-trottoir.**

**a. Cochez la case correspondant à la réponse de l'homme interrogé.**

**b. Complétez avec le nom des fêtes correspondantes.**

**1.** Le micro-trottoir a lieu au moment de

..................................... .

**2.** L'homme n'aime pas trop ..................................... parce qu'on consomme trop.

**3.** Il aime bien ..................................... parce que c'est la période du retour du soleil.

**4.** Il aime bien ..................................... parce que c'est une fête de rue, pour tous.

**5.** L'année dernière, au moment du .....................................,
il a vu un feu d'artifice et il a fait des rencontres.

**10** **Vous écrivez un témoignage sur le site *J'M mon patrimoine*. Présentez votre fête traditionnelle préférée et expliquez pourquoi vous l'aimez. Dites ce que vous avez fait l'année passée à cette occasion. Exprimez vos ressentis ou des appréciations sur les événements.**

# LEÇON 3 : Célébrer un événement

## Lexique

### Le départ à la retraite

**1** Mettez les mots soulignés à la place correcte.

Chers collègues,

Après 30 merveilleuses années dans l'amitié ........................,
le moment est venu pour moi de prendre ma carrière ........................
Avant de vous quitter, je vous invite à fêter mon pot ........................ et
la fin de ma retraite ........................ autour d'un départ ........................
de l'entreprise ........................ le vendredi 23 octobre à 18 heures.

Christophe

### Les cadeaux et les attentions

**2** Complétez avec les mots suivants.

diaporama    sketch    chanson    cagnotte    discours

**a.** On va chanter cette ........................ pour Liliane. Vous connaissez les paroles ?

**b.** Dans son ........................, Gilles a parlé des meilleurs moments de sa carrière. C'était émouvant !

**c.** Avec toutes ces photos, on peut faire un ........................ ; ça va faire un beau souvenir !

**d.** Tous les collègues ont participé à la ........................ ! Nous avons récolté 500 € !

**e.** C'était très drôle quand les collègues ont joué leur ........................ sur des anecdotes du boulot !

## Grammaire

### Les pronoms personnels compléments *me, te, nous, vous*

**3** Complétez avec *me / m'*, *te / t'*, *nous* ou *vous*.

**a.**
Je *t'*invite à dîner le 6 septembre, tu es dispo ?

Je ............ appelle ce soir pour ............ donner ma réponse, OK ?

**b.**
De : anneDurieux@gmail.com

Chers collègues, je ............ ai envoyé une invitation pour les 50 ans de notre entreprise. Pouvez-vous ............ confirmer votre présence avant le 12 octobre ? Bien cordialement,
Anne Durieux

110    cent dix

**c.**

Chers voisins, vous ne ............ connaissez pas, nous sommes nouveaux dans l'immeuble. Nous voulons ............ rencontrer autour d'un pot le samedi 14 janvier. Répondez-............ vite !
Marie et Lionel, du 2ᵉ étage

**d.**

Chère Elena,
tu ............ as beaucoup aidé avec tes précieux conseils. Alors j'ai envie de ............ remercier avec ce petit cadeau.
Je ............ embrasse,
Gaëtan

## Les pronoms COI *lui, leur*

**4** **Répondez aux questions. Utilisez *lui* ou *leur*.**

Ex. : *Qu'est-ce que vous offrez à votre amie ? (des fleurs)* → *Nous **lui** offrons des fleurs.*

**a.** Qu'est-ce qu'on prépare à nos collègues ? (une surprise) → On .................

**b.** À quelle heure tu vas donner rendez-vous à Vincent ? (à 8 heures) → Je .................

**c.** Tu as proposé à Gérald et Sophie de venir à la fête ? → Non, je .................

**d.** On envoie un message à Martine pour son anniversaire ? (une jolie carte) → Non, on .................

**e.** Naïma va écrire un SMS à Grégoire ? (un mail) → Non, elle .................

**f.** Vous n'avez pas répondu à Paul pour confirmer votre présence ? → Si, nous .................

## Le présent continu

**5** **Transformez les verbes au présent continu quand c'est possible.**

Ex. : – *Tu ne donnes pas ta réponse à Patrick pour la fête ?*
– *Si, justement, je lui écris un mail.*
→ – *Tu ne donnes pas ta réponse à Patrick pour la fête ?*
– *Si, justement, **je suis en train de lui écrire un mail**.*

**a.** – Je peux parler à Nora ?

– Non, pas maintenant, elle travaille.

→ .................

**b.** – On mange à l'extérieur avec les collègues. Tu viens ?

– Non, je ne peux pas. Je prépare mon discours pour ce soir.

→ .................

**c.** – Vous avez des nouvelles de Valentin ?

– Non… Ah, justement, il m'appelle !

→ .................

**d.** – Qu'est-ce que vous faites ?

– Nous préparons une surprise pour le départ de Jean !

→ .................

**e.** – Jérémie n'est pas là ?

– Non, il est dans le bureau de Laurence. Ils organisent la fête des 50 ans de l'entreprise.

→ .................

**f.** – Tu appelles Sarah ?

– Oui, mais elle ne répond pas.

→ .................

## Communication

### Inviter et répondre à une invitation

**6** Remettez les mots dans l'ordre. Ajoutez les majuscules et la ponctuation.

*Ex. : souhaite – une – je – retraite – vous – heureuse → Je vous souhaite une heureuse retraite !*

a. pour – je – remercie – ton – te – invitation → ...........................................

b. allez – me – vous – manquer → ...........................................

c. anniversaire – vous – pour – invite – notre – on → ...........................................

d. ne – as – tu – ta – pas – m' – présence – confirmé → ...........................................

e. te – 18 heures – donne – le – je – rendez-vous – 14 – à → ...........................................

f. au revoir – écris – dire – te – je – pour – t' → ...........................................

g. avant – 24 – de – le – répondre – octobre – me – merci → ...........................................

**7** Complétez les mails avec les formulations manquantes.

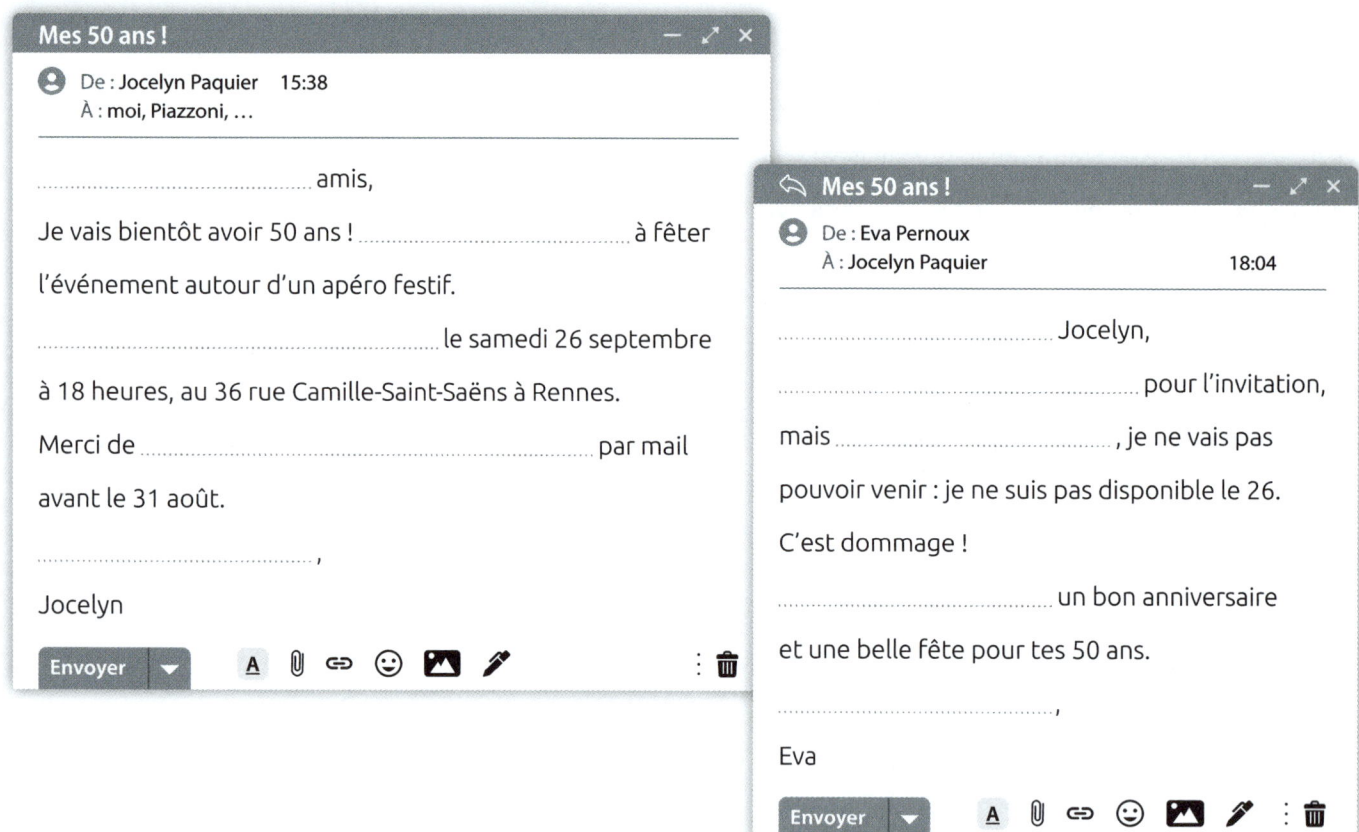

## Comprendre – S'exprimer

**8** Lisez l'article (p. 113). Vrai ou faux ? Cochez.

a. L'article explique comment organiser une fête pour votre anniversaire.  ☐ Vrai  ☐ Faux
b. L'article propose une astuce pour garantir la surprise.  ☐ Vrai  ☐ Faux

Selon l'article, il faut...
c. demander de l'aide pour choisir le jour de la fête.  ☐ Vrai  ☐ Faux
d. partager la préparation de la fête entre les invités.  ☐ Vrai  ☐ Faux
e. faire un discours sur les grands moments de la vie de la personne.  ☐ Vrai  ☐ Faux
f. faire différents cadeaux individuels.  ☐ Vrai  ☐ Faux

# Comment organiser un anniversaire surprise en 10 étapes ?

C'est l'anniversaire d'un(e) ami(e) et vous voulez lui faire plaisir ? C'est sympa d'organiser une soirée en secret. Voici quelques conseils pour préparer un **anniversaire surprise inoubliable**.

## 1- Le choix de la date

Avant de choisir la date, contactez les proches ou la famille de votre ami(e) et demandez-leur des informations sur ses disponibilités. Vous avez peur que votre ami(e) décide d'organiser son anniversaire lui-même / elle-même ? C'est simple : vous lui dites que vous l'invitez à dîner chez vous le jour de la soirée !

## 2- L'organisation de la soirée

Organiser une fête seul(e), c'est un gros travail ! Demandez aux invités de vous aider pour la préparation ! Pour cela, vous pouvez réaliser une liste des choses à faire avant et pendant l'événement. Par exemple :
– Qui trouve le lieu de la fête ?
– Qui s'occupe de la musique ?
– Qui veut aider à la préparation du repas / du buffet ?
– Etc.

## 3- Les animations

N'oubliez pas que c'est LA soirée de votre ami(e). Préparez un moment dans la soirée pour proposer une petite rétrospective de sa vie : vous pouvez créer un montage vidéo sur lui / elle, de l'enfance à l'âge adulte, par exemple.
Demandez aux invités de préparer d'autres surprises à lui faire pendant la soirée : des jeux, des chansons, des sketches, etc.

## 4- Les cadeaux

L'idéal est de faire un cadeau commun. Demandez des idées aux invités !
Vous n'arrivez pas à vous mettre d'accord sur LE bon cadeau ? Vous pouvez aussi décider de créer une cagnotte.

---

**9** Vous souhaitez préparer une fête surprise pour un(e) ami(e) ou un(e) collègue. Écrivez un mail aux personnes à inviter pour leur demander de l'aide pour l'organisation, pour donner ou demander des idées de cadeau, d'animations pour la fête, etc.

# BILAN

## Compétences linguistiques .../50

**1** **Répondez avec le verbe *mettre* au présent et le pronom correct.** *(2 points par item correct)* .../10

Ex. : Qu'est-ce qu'on fait avec la fève ? (dans la galette des Rois) → On **la met** dans la galette des Rois.

a. Où est-ce que les parents cachent les œufs en chocolat à Pâques ? (dans le jardin)

→ Ils ............................................................................................................................................................

b. Où est-ce qu'on dépose les cadeaux de Noël ? (sous le sapin)

→ On ...........................................................................................................................................................

c. Que faites-vous avec les poissons en papier le 1er avril ? (dans le dos des gens)

→ Nous ........................................................................................................................................................

d. Pour quelle fête est-ce que Léa porte ce costume ? (à Mardi gras)

→ Elle ..........................................................................................................................................................

e. Si je trouve la fève dans la galette, qu'est-ce que je fais avec cette couronne de roi ? (sur la tête)

→ Tu ............................................................................................................................................................

**2** **Décrivez l'action en cours avec un des verbes suivants et un ustensile.** *(1 point par réponse correcte)* .../12

couvrir – mélanger – servir – éplucher – ajouter – faire cuire

a.

Elle *est en train de* ........................ la sauce avec ........................ .

b.

Je ........................ la salade dans ........................ .

c.

Elle ........................ de la cannelle dans ........................ .

d.

Nous ........................ des citrons avec ........................ .

e.

Il ........................ le pain dans ........................ .

f.

Vous ........................ le faitout avec ........................ .

**3** **Transformez au passé composé et utilisez des pronoms COI pour éviter les répétitions.** .../15
*(5 points par item correct)*

a. Vendredi 7 décembre – Nous nous réunissons pour fêter le départ à la retraite de notre collègue, Marius Sylvestre. Nous offrons un cadeau commun à Marius. Tous les collègues chantent une chanson à Marius.

....................................................................................................................................................................

....................................................................................................................................................................

b. Samedi 15 décembre – L'entreprise invite les enfants des employés pour la fête de Noël. Ils viennent l'après-midi. On sert aux enfants un goûter et ils voient le père Noël.

....................................................................................................................................................................

....................................................................................................................................................................

c. Mardi 2 janvier – L'équipe du service de communication s'agrandit : deux stagiaires arrivent. La responsable du service fait visiter l'entreprise aux stagiaires et ils s'installent dans le bureau 407.

..................................................................................................................................................................................................................

..................................................................................................................................................................................................................

**4** a. **Complétez avec l'événement annoncé et les pronoms *me, te, nous* ou *vous*.** *(1 point par réponse correcte)* .../11

1.
Nous avons le plaisir de ............ annoncer
la ................ de Valentine, le 15 mars !
L'arrivée de ce bébé ............ rend
très heureux !

2.
Chloé et Jérémy
ont le plaisir de ............ faire part de leur
................ samedi 3 juin à 15 heures
à la mairie d'Aix-en-Provence.

3.
Chers collègues,
Je vais prendre ma ............ à la fin du mois. Vous allez ............ manquer !
Je ............ invite à mon pot de départ le 18 octobre à 18 heures.
Merci de ............ confirmer votre présence.

4.
Coucou Mamie,
J'ai une grande nouvelle
à ............ annoncer !
J'ai obtenu mon ............ !
L'université, c'est fini ! Je suis journaliste !

b. **Associez chaque réponse au message correspondant (act. 4a).** *(0,5 point par réponse correcte)* .../2

a. Félicitations et bonne chance pour ta future carrière ! → message ............

b. Bienvenue à ce nouveau membre de la famille ! Félicitations aux parents ! → message ............

c. Tous nos vœux de bonheur ! → message ............

d. Malheureusement, je ne peux pas être présente. Tous mes vœux pour cette nouvelle étape de ta vie ! → message ............

## Compétences socioculturelles .../10

**1** **Vrai ou faux ? Cochez.** *(1 point par réponse correcte)* .../6

a. Le Nouvel An en France est au début de l'année scolaire.   ☐ Vrai  ☐ Faux
b. La rentrée est au début de l'année scolaire.   ☐ Vrai  ☐ Faux
c. Les grandes vacances en France sont à la fin de l'année civile.   ☐ Vrai  ☐ Faux
d. Noël en France est à la fin de l'année scolaire.   ☐ Vrai  ☐ Faux
e. La fête nationale française est au milieu de l'année scolaire.   ☐ Vrai  ☐ Faux
f. La Chandeleur est au début du deuxième mois de l'année civile.   ☐ Vrai  ☐ Faux

**2** **Chaque plat correspond à quelle partie du repas ? Complétez.** *(1 point par réponse correcte)* .../4

*Ex. : la mousse au chocolat → le dessert.*

1. la tarte au citron → ..................................................................................................................

2. la blanquette de veau → ..................................................................................................................

3. la crêpe au sucre → ..................................................................................................................

4. la soupe à l'oignon → ..................................................................................................................

Résultats .../60

# Annexes

- **Portfolio** .................................................. **p. 117-120**
- **DELF A1 épreuve complète** ........................... **p. 121-128**

# PORTFOLIO

**Pour chaque affirmation, cochez une des trois cases suivantes.**

- 🙂 ☐ Je peux très bien le faire.
- 😐 ☐ Je peux le faire, mais j'ai des difficultés.
- 🙁 ☐ Je ne peux pas encore le faire.

## DOSSIER 1

| Je peux comprendre... | À l'oral | | | À l'écrit | | |
|---|---|---|---|---|---|---|
| | 🙂 | 😐 | 🙁 | 🙂 | 😐 | 🙁 |
| des salutations informelles. | ☐ | ☐ | ☐ | ☐ | ☐ | ☐ |
| des informations sur l'identité d'une personne (nom, prénom, situation de famille). | ☐ | ☐ | ☐ | ☐ | ☐ | ☐ |
| les nombres de 0 à 100. | ☐ | ☐ | ☐ | ☐ | ☐ | ☐ |
| des informations personnelles (âge, nationalité, langues parlées, date d'anniversaire, goûts). | ☐ | ☐ | ☐ | ☐ | ☐ | ☐ |
| des coordonnées (numéro de téléphone, adresse mail). | ☐ | ☐ | ☐ | ☐ | ☐ | ☐ |

| Pour m'exprimer ou interagir, je peux... | À l'oral | | | À l'écrit | | |
|---|---|---|---|---|---|---|
| | 🙂 | 😐 | 🙁 | 🙂 | 😐 | 🙁 |
| saluer en situation formelle ou informelle. | ☐ | ☐ | ☐ | ☐ | ☐ | ☐ |
| faire épeler et épeler. | ☐ | ☐ | ☐ | ☐ | ☐ | ☐ |
| demander et donner des informations sur l'identité d'une personne (nom, prénom, situation de famille). | ☐ | ☐ | ☐ | ☐ | ☐ | ☐ |
| indiquer un nombre ou un numéro (de 0 à 100). | ☐ | ☐ | ☐ | ☐ | ☐ | ☐ |
| demander et donner des informations personnelles (âge, nationalité, langues parlées, date d'anniversaire, goûts). | ☐ | ☐ | ☐ | ☐ | ☐ | ☐ |
| demander et dire des coordonnées (numéro de téléphone, adresse mail). | ☐ | ☐ | ☐ | ☐ | ☐ | ☐ |

## DOSSIER 2

| Je peux comprendre... | À l'oral | | | À l'écrit | | |
|---|---|---|---|---|---|---|
| | 🙂 | 😐 | 🙁 | 🙂 | 😐 | 🙁 |
| des informations sur l'apprentissage, des raisons et des motivations. | ☐ | ☐ | ☐ | ☐ | ☐ | ☐ |
| la profession d'une personne. | ☐ | ☐ | ☐ | ☐ | ☐ | ☐ |
| le pays, la ville de résidence / d'origine d'une personne. | ☐ | ☐ | ☐ | ☐ | ☐ | ☐ |
| des informations chiffrées et des dates. | ☐ | ☐ | ☐ | ☐ | ☐ | ☐ |
| des précisions sur un événement (lieu, moment, personnes). | ☐ | ☐ | ☐ | ☐ | ☐ | ☐ |
| des salutations en situation formelle et informelle. | ☐ | ☐ | ☐ | ☐ | ☐ | ☐ |

| Pour m'exprimer ou interagir, je peux... | À l'oral | | | À l'écrit | | |
|---|---|---|---|---|---|---|
| | 🙂 | 😐 | 🙁 | 🙂 | 😐 | 🙁 |
| parler de mon apprentissage, de mes raisons et de mes motivations. | ☐ | ☐ | ☐ | ☐ | ☐ | ☐ |
| demander et dire la profession. | ☐ | ☐ | ☐ | ☐ | ☐ | ☐ |
| indiquer le pays, la ville de résidence / d'origine d'une personne. | ☐ | ☐ | ☐ | ☐ | ☐ | ☐ |
| donner des informations chiffrées et indiquer des dates. | ☐ | ☐ | ☐ | ☐ | ☐ | ☐ |
| demander et donner des précisions sur un événement (lieu, moment, personnes). | ☐ | ☐ | ☐ | ☐ | ☐ | ☐ |
| saluer et prendre congé en situation formelle et informelle. | ☐ | ☐ | ☐ | ☐ | ☐ | ☐ |

# PORTFOLIO

## DOSSIER 3

| Je peux comprendre... | À l'oral 🙂 | À l'oral 😐 | À l'oral ☹️ | À l'écrit 🙂 | À l'écrit 😐 | À l'écrit ☹️ |
|---|---|---|---|---|---|---|
| la description d'un hébergement. | ☐ | ☐ | ☐ | ☐ | ☐ | ☐ |
| un commentaire sur un hébergement ou sur un hôte. | ☐ | ☐ | ☐ | ☐ | ☐ | ☐ |
| la localisation d'un lieu, une adresse. | ☐ | ☐ | ☐ | ☐ | ☐ | ☐ |
| quand quelqu'un demande ma commande, indique un prix. | ☐ | ☐ | ☐ | ☐ | ☐ | ☐ |
| un itinéraire. | ☐ | ☐ | ☐ | ☐ | ☐ | ☐ |
| l'indication d'un mode de déplacement. | ☐ | ☐ | ☐ | ☐ | ☐ | ☐ |

| Pour m'exprimer ou interagir, je peux... | À l'oral 🙂 | À l'oral 😐 | À l'oral ☹️ | À l'écrit 🙂 | À l'écrit 😐 | À l'écrit ☹️ |
|---|---|---|---|---|---|---|
| décrire un hébergement. | ☐ | ☐ | ☐ | ☐ | ☐ | ☐ |
| faire un commentaire sur un hébergement ou sur un hôte. | ☐ | ☐ | ☐ | ☐ | ☐ | ☐ |
| indiquer la localisation d'un lieu, une adresse. | ☐ | ☐ | ☐ | ☐ | ☐ | ☐ |
| faire un achat, commander quelque chose. | ☐ | ☐ | ☐ | ☐ | ☐ | ☐ |
| indiquer un itinéraire. | ☐ | ☐ | ☐ | ☐ | ☐ | ☐ |
| indiquer un mode de déplacement. | ☐ | ☐ | ☐ | ☐ | ☐ | ☐ |

## DOSSIER 4

| Je peux comprendre... | À l'oral 🙂 | À l'oral 😐 | À l'oral ☹️ | À l'écrit 🙂 | À l'écrit 😐 | À l'écrit ☹️ |
|---|---|---|---|---|---|---|
| des informations sur les goûts. | ☐ | ☐ | ☐ | ☐ | ☐ | ☐ |
| des informations sur les activités. | ☐ | ☐ | ☐ | ☐ | ☐ | ☐ |
| des informations sur la famille, le lien de parenté. | ☐ | ☐ | ☐ | ☐ | ☐ | ☐ |
| la présentation et la description d'une personne (personnalité et physique). | ☐ | ☐ | ☐ | ☐ | ☐ | ☐ |
| une information sur un événement récent ou imminent. | ☐ | ☐ | ☐ | ☐ | ☐ | ☐ |
| quand quelqu'un exprime une réaction à une nouvelle. | ☐ | ☐ | ☐ | ☐ | ☐ | ☐ |

| Pour m'exprimer ou interagir, je peux... | À l'oral 🙂 | À l'oral 😐 | À l'oral ☹️ | À l'écrit 🙂 | À l'écrit 😐 | À l'écrit ☹️ |
|---|---|---|---|---|---|---|
| interroger sur les goûts et parler des goûts. | ☐ | ☐ | ☐ | ☐ | ☐ | ☐ |
| interroger sur les activités et parler des activités. | ☐ | ☐ | ☐ | ☐ | ☐ | ☐ |
| dire les liens de parenté. | ☐ | ☐ | ☐ | ☐ | ☐ | ☐ |
| présenter et décrire des personnes (personnalité et physique). | ☐ | ☐ | ☐ | ☐ | ☐ | ☐ |
| annoncer un événement récent ou imminent. | ☐ | ☐ | ☐ | ☐ | ☐ | ☐ |
| réagir à une nouvelle. | ☐ | ☐ | ☐ | ☐ | ☐ | ☐ |
| prendre congé dans un message. | ☐ | ☐ | ☐ | ☐ | ☐ | ☐ |

## DOSSIER 5

| Je peux comprendre... | À l'oral 🙂 😐 🙁 | | | À l'écrit 🙂 😐 🙁 | | |
|---|---|---|---|---|---|---|
| des indications d'horaires. | ☐ | ☐ | ☐ | ☐ | ☐ | ☐ |
| quand quelqu'un demande / indique des disponibilités. | ☐ | ☐ | ☐ | ☐ | ☐ | ☐ |
| quand quelqu'un demande / dit l'heure. | ☐ | ☐ | ☐ | ☐ | ☐ | ☐ |
| des informations sur les habitudes, la routine quotidienne. | ☐ | ☐ | ☐ | ☐ | ☐ | ☐ |
| des obligations. | ☐ | ☐ | ☐ | ☐ | ☐ | ☐ |
| des interdictions. | ☐ | ☐ | ☐ | ☐ | ☐ | ☐ |

| Pour m'exprimer ou interagir, je peux... | À l'oral 🙂 😐 🙁 | | | À l'écrit 🙂 😐 🙁 | | |
|---|---|---|---|---|---|---|
| demander et indiquer des horaires. | ☐ | ☐ | ☐ | ☐ | ☐ | ☐ |
| demander et indiquer des disponibilités. | ☐ | ☐ | ☐ | ☐ | ☐ | ☐ |
| demander et dire l'heure. | ☐ | ☐ | ☐ | ☐ | ☐ | ☐ |
| décrire des habitudes, une routine quotidienne. | ☐ | ☐ | ☐ | ☐ | ☐ | ☐ |
| exprimer une obligation. | ☐ | ☐ | ☐ | ☐ | ☐ | ☐ |
| exprimer une interdiction. | ☐ | ☐ | ☐ | ☐ | ☐ | ☐ |

## DOSSIER 6

| Je peux comprendre... | À l'oral 🙂 😐 🙁 | | | À l'écrit 🙂 😐 🙁 | | |
|---|---|---|---|---|---|---|
| la localisation géographique d'un lieu. | ☐ | ☐ | ☐ | ☐ | ☐ | ☐ |
| des informations sur la météo / le climat et les saisons. | ☐ | ☐ | ☐ | ☐ | ☐ | ☐ |
| quand quelqu'un exprime une nécessité, un besoin. | ☐ | ☐ | ☐ | ☐ | ☐ | ☐ |
| des informations sur un/des lieu(x) touristique(s). | ☐ | ☐ | ☐ | ☐ | ☐ | ☐ |
| des suggestions de visites ou d'activités. | ☐ | ☐ | ☐ | ☐ | ☐ | ☐ |
| quand quelqu'un raconte une expérience passée. | ☐ | ☐ | ☐ | ☐ | ☐ | ☐ |
| quand quelqu'un exprime un ressenti ou une appréciation sur une expérience passée. | ☐ | ☐ | ☐ | ☐ | ☐ | ☐ |

| Pour m'exprimer ou interagir, je peux... | À l'oral 🙂 😐 🙁 | | | À l'écrit 🙂 😐 🙁 | | |
|---|---|---|---|---|---|---|
| localiser un lieu géographiquement. | ☐ | ☐ | ☐ | ☐ | ☐ | ☐ |
| parler de la météo / du climat et des saisons. | ☐ | ☐ | ☐ | ☐ | ☐ | ☐ |
| exprimer une nécessité, un besoin. | ☐ | ☐ | ☐ | ☐ | ☐ | ☐ |
| parler d'un lieu touristique. | ☐ | ☐ | ☐ | ☐ | ☐ | ☐ |
| suggérer une visite ou une activité. | ☐ | ☐ | ☐ | ☐ | ☐ | ☐ |
| raconter une expérience passée. | ☐ | ☐ | ☐ | ☐ | ☐ | ☐ |
| exprimer un ressenti ou une appréciation sur une expérience passée. | ☐ | ☐ | ☐ | ☐ | ☐ | ☐ |

# PORTFOLIO

## DOSSIER 7

| Je peux comprendre... | À l'oral 😊 | 😐 | ☹ | À l'écrit 😊 | 😐 | ☹ |
|---|---|---|---|---|---|---|
| des informations sur des habitudes alimentaires. | ☐ | ☐ | ☐ | ☐ | ☐ | ☐ |
| des informations sur l'aménagement d'un logement. | ☐ | ☐ | ☐ | ☐ | ☐ | ☐ |
| des questions sur des attentes / des préférences. | ☐ | ☐ | ☐ | ☐ | ☐ | ☐ |
| la description de pièces, de meubles, d'objets. | ☐ | ☐ | ☐ | ☐ | ☐ | ☐ |
| des questions et des informations sur des douleurs ou des sensations. | ☐ | ☐ | ☐ | ☐ | ☐ | ☐ |
| des recommandations sur la santé. | ☐ | ☐ | ☐ | ☐ | ☐ | ☐ |

| Pour m'exprimer ou interagir, je peux... | À l'oral 😊 | 😐 | ☹ | À l'écrit 😊 | 😐 | ☹ |
|---|---|---|---|---|---|---|
| décrire des habitudes alimentaires. | ☐ | ☐ | ☐ | ☐ | ☐ | ☐ |
| parler de l'aménagement d'un logement. | ☐ | ☐ | ☐ | ☐ | ☐ | ☐ |
| demander des informations sur des attentes / des préférences. | ☐ | ☐ | ☐ | ☐ | ☐ | ☐ |
| décrire des pièces, des meubles, des objets. | ☐ | ☐ | ☐ | ☐ | ☐ | ☐ |
| exprimer des douleurs ou des sensations. | ☐ | ☐ | ☐ | ☐ | ☐ | ☐ |
| faire des recommandations sur la santé. | ☐ | ☐ | ☐ | ☐ | ☐ | ☐ |

## DOSSIER 8

| Je peux comprendre... | À l'oral 😊 | 😐 | ☹ | À l'écrit 😊 | 😐 | ☹ |
|---|---|---|---|---|---|---|
| des noms de plats. | ☐ | ☐ | ☐ | ☐ | ☐ | ☐ |
| une liste d'ingrédients dans une recette de cuisine. | ☐ | ☐ | ☐ | ☐ | ☐ | ☐ |
| des instructions dans une recette de cuisine. | ☐ | ☐ | ☐ | ☐ | ☐ | ☐ |
| quand quelqu'un raconte un événement passé. | ☐ | ☐ | ☐ | ☐ | ☐ | ☐ |
| des félicitations et des vœux. | ☐ | ☐ | ☐ | ☐ | ☐ | ☐ |
| une invitation. | ☐ | ☐ | ☐ | ☐ | ☐ | ☐ |
| une réponse à une invitation. | ☐ | ☐ | ☐ | ☐ | ☐ | ☐ |
| des informations sur une action en cours. | ☐ | ☐ | ☐ | ☐ | ☐ | ☐ |

| Pour m'exprimer ou interagir, je peux... | À l'oral 😊 | 😐 | ☹ | À l'écrit 😊 | 😐 | ☹ |
|---|---|---|---|---|---|---|
| nommer un plat. | ☐ | ☐ | ☐ | ☐ | ☐ | ☐ |
| donner une liste d'ingrédients pour une recette de cuisine. | ☐ | ☐ | ☐ | ☐ | ☐ | ☐ |
| donner des instructions pour une recette de cuisine. | ☐ | ☐ | ☐ | ☐ | ☐ | ☐ |
| raconter un événement passé. | ☐ | ☐ | ☐ | ☐ | ☐ | ☐ |
| féliciter ou exprimer des vœux. | ☐ | ☐ | ☐ | ☐ | ☐ | ☐ |
| formuler une invitation. | ☐ | ☐ | ☐ | ☐ | ☐ | ☐ |
| répondre à une invitation. | ☐ | ☐ | ☐ | ☐ | ☐ | ☐ |
| parler d'une action en cours. | ☐ | ☐ | ☐ | ☐ | ☐ | ☐ |

# DELF A1

## Compréhension de l'oral

**25 POINTS**

Vous allez écouter plusieurs documents. Il y a deux écoutes.
Avant chaque écoute, vous entendez le son suivant : .
Dans les exercices 1, 2, 3 et 5, pour répondre aux questions, cochez (X) la bonne réponse.

### Exercice 1  Identifier un événement — **4 POINTS**

🔊 47 **Lisez les questions. Écoutez le document puis répondez.**
Vous vivez en France. Vous entendez ce message sur votre répondeur téléphonique.

**1** Qui vous laisse ce message ?  **1 POINT**

a. ☐    b. ☐    c. ☐

**2** Pourquoi vous ne pouvez pas voir le docteur aujourd'hui ?  **1 POINT**

a. ☐ Il est malade.    b. ☐ Il est en réunion.    c. ☐ Il n'est pas disponible.

**3** Demain, vous avez un rendez-vous à…  **1 POINT**

a. ☐ 10 heures.    b. ☐ 20 heures.    c. ☐ 22 heures.

**4** Vous avez mal où ?  **1 POINT**

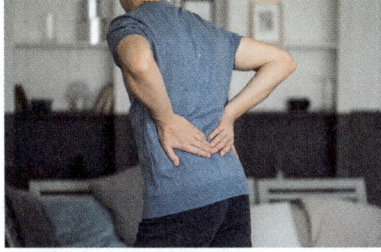  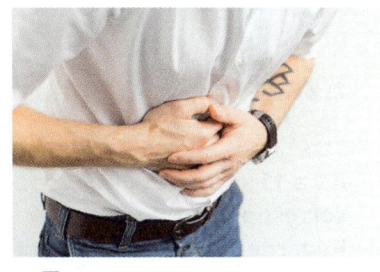

a. ☐    b. ☐    c. ☐

### Exercice 2  Identifier une activité — **4 POINTS**

🔊 48 **Lisez les questions. Écoutez le document puis répondez.**
Vous êtes en France. Vous écoutez la radio.

**1** Où va avoir lieu l'événement annoncé ?  **1 POINT**

a. ☐    b. ☐    c. ☐

cent vingt et un | **121**

# DELF A1

**2** Les travaux ont duré... **1 POINT**
   a. ☐ un an.　　　b. ☐ deux ans.　　　c. ☐ trois ans.

**3** Quel type de spectacle on peut voir ? **1 POINT**

   a. ☐　　　b. ☐　　　c. ☐

**4** Pour avoir des places, il faut... **1 POINT**
   a. ☐ téléphoner.　　　b. ☐ aller sur Internet.　　　c. ☐ se présenter à l'accueil.

## Exercice 3  Comprendre des instructions …………………… **4 POINTS**

🔊 49 Lisez les questions. Écoutez le document puis répondez.
Vous êtes en France. Vous entendez cette annonce dans un magasin.

**1** Aujourd'hui, on fête les... **1 POINT**
   a. ☐ dix ans du magasin.　　　b. ☐ quinze ans du magasin.　　　c. ☐ vingt ans du magasin.

**2** On peut avoir une réduction de 15 % sur... **1 POINT**
   a. ☐ les tapis.　　　b. ☐ les lampes.　　　c. ☐ les plantes.

**3** À l'accueil, on trouve des bons d'achat jusqu'à... **1 POINT**
   a. ☐ 13 heures.　　　b. ☐ 16 heures.　　　c. ☐ 19 heures.

**4** On peut utiliser les bons d'achat... **1 POINT**
   a. ☐ toute la matinée.　　　b. ☐ toute la journée.　　　c. ☐ toute la semaine.

## Exercice 4  Identifier des situations …………………… **8 POINTS**

🔊 50 Vous allez entendre quatre petits dialogues correspondant à quatre situations différentes.
Il y a 15 secondes de pause après chaque dialogue. Notez, sous chaque image, le numéro du dialogue qui correspond. Puis vous allez entendre à nouveau les dialogues et vous pouvez compléter vos réponses.
Regardez les images. Attention, il y a six images (a, b, c, d, e et f) mais seulement quatre dialogues.

a. Dialogue ………　　　b. Dialogue ………　　　c. Dialogue ………

d. Dialogue ………　　　e. Dialogue ………　　　f. Dialogue ………

## Exercice 5  Identifier des objets … **5 POINTS**

🔊 51 **Vous allez entendre un message. Quels objets sont donnés dans le message ?
Vous entendez le nom de l'objet ? Cochez (X) OUI. Sinon, cochez (X) NON.
Puis vous allez entendre à nouveau le message. Vous pouvez compléter vos réponses.**

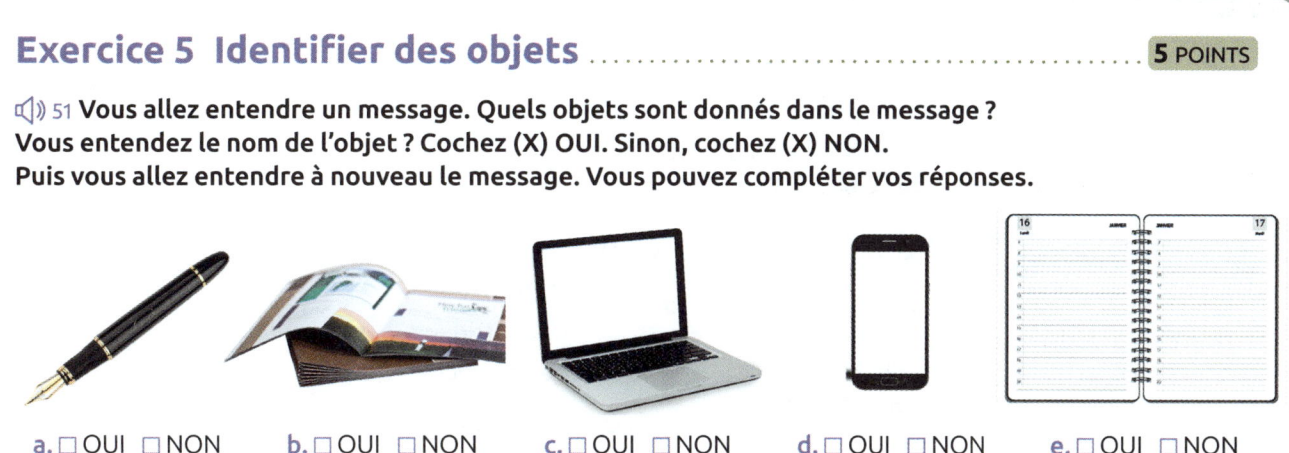

a. ☐ OUI ☐ NON    b. ☐ OUI ☐ NON    c. ☐ OUI ☐ NON    d. ☐ OUI ☐ NON    e. ☐ OUI ☐ NON

# Compréhension des **écrits**   **25 POINTS**

## Exercice 1  Suivre des instructions simples … **6 POINTS**

**Vous êtes en vacances en France chez votre ami Luc. Votre ami a écrit un message.
Lisez le document puis répondez aux questions.**

> Salut,
> Ce matin, j'ai une réunion de travail et je vais finir vers 14 h 30.
> Pour le déjeuner, il y a du jambon, de la salade et des tomates dans le frigo. Achète du pain.
> Cet après-midi, on se retrouve à 15 h 30 devant la mairie pour visiter le centre-ville. À 18 h 30, on va au Grand Café. On a rendez-vous avec Marin et Aude pour organiser nos vacances à la montagne.
> À plus tard,
> Luc

**1 Ce matin, Luc…**   **1 POINT**
 a. ☐ travaille.
 b. ☐ fait les courses.
 c. ☐ prépare le repas.

**2 Qu'est-ce que vous devez acheter ?**   **1,5 POINT**
 a. ☐    b. ☐    c. ☐

**3 Vous avez rendez-vous avec Luc à…**   **1 POINT**
 a. ☐ 14 h 30.
 b. ☐ 15 h 30.
 c. ☐ 18 h 30.

**4 Cet après-midi, Luc propose de…**   **1 POINT**
 a. ☐ faire du sport.    b. ☐ visiter la ville.    c. ☐ faire du shopping.

**5 Que faites-vous à 18 h 30 ?**   **1,5 POINT**
 a. ☐    b. ☐    c. ☐

## DELF A1

### Exercice 2  Lire pour s'orienter dans l'espace — **6 POINTS**

Vous vivez en France. Vous recevez un mail de votre ami Marc.
Lisez le message puis répondez aux questions.

---

**nouveau message**

Salut ! Je vais partir en vacances en juillet. Mon directeur cherche une personne pour s'occuper de l'accueil des clients. Si cela t'intéresse, viens vendredi, à 11 h 30. Pour arriver, c'est simple. Prends le bus, descends à l'arrêt Technopole, prends la rue de la Liberté devant toi. Va tout droit puis tourne à gauche après le cinéma, rue Gustave-Eiffel. L'entreprise est au numéro 45.

Rappelle-moi mercredi après 18 h 30 pour confirmer.

Marc

---

**1** Marc écrit pour vous proposer… **1 POINT**
  a. ☐ un travail.
  b. ☐ une sortie.
  c. ☐ des vacances.

**2** Vous avez rendez-vous avec le directeur… **1 POINT**
  a. ☐ mardi.
  b. ☐ mercredi.
  c. ☐ vendredi.

**3** Technopole est le nom… **1 POINT**
  a. ☐ d'une rue.
  b. ☐ d'une entreprise.
  c. ☐ d'un arrêt de bus.

**4** Regardez les plans ci-dessous. Quel est le bon trajet pour aller au rendez-vous ? **2 POINTS**

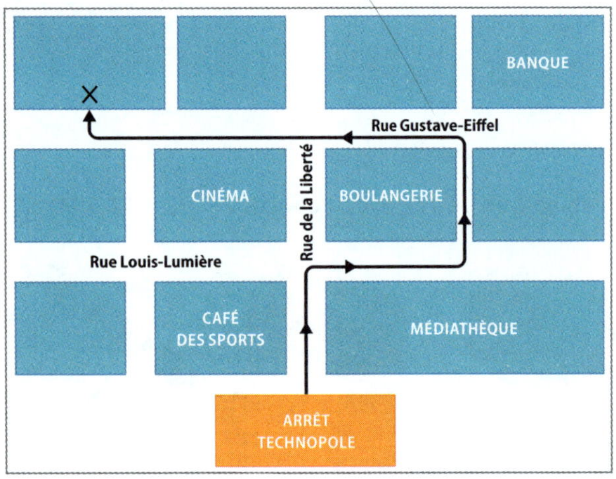

a. ☐

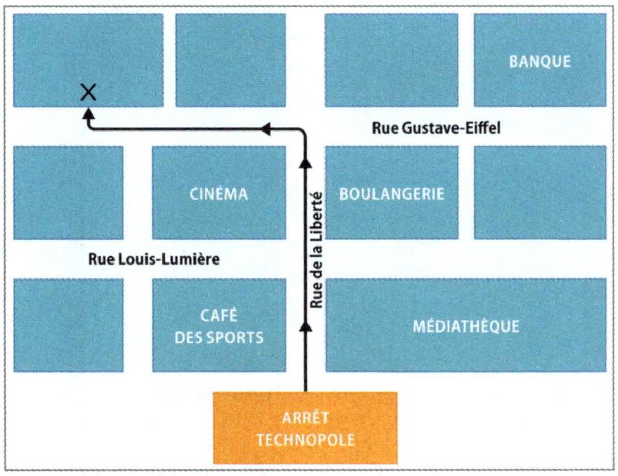

b. ☐

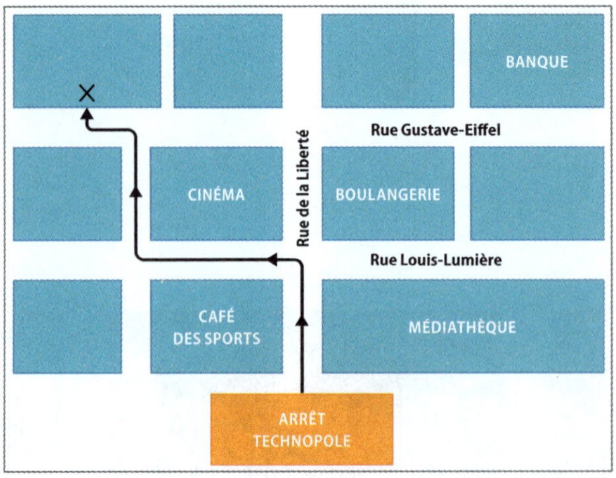

c. ☐

**5** Mercredi, vous devez rappeler Marc à partir de… **1 POINT**
  a. ☐ 11 h 30.
  b. ☐ 18 h 30.
  c. ☐ 20 h 30.

## Exercice 3  Lire pour s'orienter dans le temps — 6 POINTS

Vous travaillez en France. Votre responsable vous envoie le planning de la semaine.
Lisez le document puis répondez aux questions.

| AVRIL | | | |
|---|---|---|---|
| LUNDI | 10 | 10 heures | Rendez-vous avec les clients coréens, à l'hôtel Prestige. |
| MARDI | 11 | 9 h 30 – 10 h 30 | Visioconférence avec le directeur. |
| MARDI | 11 | 15 h – 16 h 30 | Réunion avec Marie Dubois, responsable marketing. |
| MERCREDI | 12 | 18 h 30 | Pot de départ de Cédric Laugier, à la cafétéria. |
| VENDREDI | 14 | 13 heures | Déjeuner avec le directeur et M. Garaud, responsable de la formation. |

**1** La visioconférence avec le directeur commence à… — 1,5 POINT
- a. ☐ 9 h 30.
- b. ☐ 10 h 30.
- c. ☐ 13 heures.

**2** Vous avez rendez-vous à l'hôtel Prestige… — 1 POINT
- a. ☐ lundi.
- b. ☐ mardi.
- c. ☐ vendredi.

**3** La réunion avec Marie Dubois se termine à… — 1,5 POINT
- a. ☐ 15 heures.
- b. ☐ 16 h 30.
- c. ☐ 17 heures.

**4** Vous déjeunez avec M. Garaud… — 1 POINT
- a. ☐ lundi.
- b. ☐ mercredi.
- c. ☐ vendredi.

**5** Mercredi, à 18 h 30, il y a… — 1 POINT
- a. ☐ le pot de départ de Cédric Laugier.
- b. ☐ le rendez-vous avec les clients coréens.
- c. ☐ la réunion avec la responsable marketing.

# DELF A1

### Exercice 4  Lire pour s'informer — 7 POINTS

Vous êtes en France. Vous lisez cet article dans un journal local.
Lisez le document puis répondez aux questions.

> Pour la Semaine nationale du goût, la ville de Sarzeau organise un concours de confitures et, cette année, pour la première fois, les élèves du collège de Rhuys peuvent participer ! Création originale ou recette familiale, apportez un pot de confiture de 250 grammes avant le 15 octobre au secrétariat du collège. Indiquez le nom de la confiture, les ingrédients et le temps de préparation et gagnez un week-end pour deux au parc Astérix près de Paris !

**1** La Semaine du goût est un événement… *(1,5 POINT)*
- a. ☐ local.
- b. ☐ régional.
- c. ☐ national.

**2** Pour fêter la Semaine du goût, la ville de Sarzeau propose… *(1 POINT)*
- a. ☐ une exposition.
- b. ☐ une dégustation.
- c. ☐ une compétition.

**3** C'est la première fois que les participants sont… *(1 POINT)*
- a. ☐ des élèves.
- b. ☐ des amateurs.
- c. ☐ des professionnels.

**4** Pour participer, que faut-il apporter au secrétariat du collège ? *(2 POINTS)*

a. ☐   b. ☐   c. ☐

**5** On peut gagner… *(1,5 POINT)*
- a. ☐ un repas pour deux.
- b. ☐ un voyage pour deux.
- c. ☐ un spectacle pour deux.

# Production écrite

**25 POINTS**

## Exercice 1  Compléter un formulaire — **10 POINTS**

Vous êtes en France. Pour la fête de fin d'année, votre université veut proposer un spectacle et les organisateurs demandent aux étudiants leurs préférences. Vous remplissez ce formulaire.

| | |
|---|---|
| Prénom | ............................................. |
| Âge | ............................................. |
| Pays d'origine | ............................................. |
| Téléphone portable | ............................................. |
| Adresse électronique | ............................................. |
| Langue(s) parlée(s) | ............................................. |
| Artistes préféré(e)s | 1. .......................................... <br> 2. .......................................... |
| Types de spectacles préférés | 1. .......................................... <br> 2. .......................................... |

## Exercice 2  Rédiger un message simple — **15 POINTS**

Vous participez à un jeu. Vous gagnez des places de cinéma. Vous envoyez un SMS à votre **ami français** pour l'inviter à voir un film. Vous lui proposez une date, une heure et un lieu de rendez-vous.

40 mots minimum

## Production orale

**25 POINTS**

### Exercice 1  Entretien dirigé (sans préparation)

**Vous répondez aux questions de l'examinateur sur vous, votre famille, vos goûts ou vos activités.**

*Exemples : « Comment vous vous appelez ? » « Quelle est votre nationalité ? » Etc.*

### Exercice 2  Échange d'informations (avec préparation)

**Vous tirez au sort les six cartes suivantes. Vous voulez connaître l'examinateur.**
**Vous lui posez des questions à l'aide des mots écrits sur les cartes.**
**Vous ne devez pas obligatoirement utiliser le mot, vous pouvez poser une question sur le thème.**

*Exemple : avec la carte « Routine », vous pouvez poser la question « Vous vous réveillez à quelle heure le matin ? »*

| VÊTEMENT | MUSÉE | ROUTINE |
|---|---|---|
| FRUITS | JARDIN | VACANCES |

### Exercice 3  Dialogue simulé (avec préparation)

#### Sujet n° 1 – Centre de loisirs

**Vous vivez en Belgique. Vous voulez vous inscrire au centre de loisirs de votre quartier. Vous demandez des informations sur les activités, les horaires et les tarifs. Vous choisissez et vous payez.**

**L'examinateur joue le rôle de l'employé du centre.**

#### Sujet n° 2 – Au magasin de souvenirs

**Vous êtes en vacances à Paris. Vous cherchez un cadeau pour votre meilleure amie.**
**Vous demandez des informations sur les articles et les prix. Vous choisissez et vous payez.**

**L'examinateur joue le rôle du vendeur.**